0〜5歳児の
非認知的能力

事例でわかる！
社会情動的スキルを育む保育

佐々木 晃／著

チャイルド本社

0～5歳児の**非認知的能力**
事例でわかる！ 社会情動的スキルを育む保育

contents

はじめに ………………………………………………………………… 4

第 1 章　非認知的能力って何？

「非認知的能力」を考えるその前に…
保育者ってすごい！ ……………………………………………… 6

非認知的能力とは
学力や技能とは異なる重要な力 ……………………………… 10
どっちも大切！ 「認知的能力」と「非認知的能力」 ……… 11
日本で非認知的能力はずっと前から大切にされてきた …… 13
コラム　佐々木先生のつぶやき ……………………………… 14

第 2 章　非認知的能力にはどんな能力があるの？

非認知的能力の枠組み
非認知的能力のグループ分け ………………………………… 16
保育の場で見られる非認知的能力 …………………………… 18

非認知的能力の3つの柱
1　気付く力 ……………………………………………………… 20
2　やりぬく力 …………………………………………………… 22
コラム　佐々木先生のつぶやき ………………………… 23、25
3　人間を理解し関係を調整する力 ………………………… 26

もっとくわしく！
世界ではこう考える　非認知的能力の分類 ……………… 30
コラム　佐々木先生のつぶやき ……………………………… 32

第 3 章　0・1・2歳児の非認知的能力

非認知的能力の芽生えを探そう
渾然一体となって発達する時期 ……………………………… 34
0歳児の発達と非認知的能力 ………………………………… 35
1歳児の発達と非認知的能力 ………………………………… 38
2歳児の発達と非認知的能力 ………………………………… 40
コラム　佐々木先生のつぶやき ……………………………… 42

第4章	3・4・5歳児の非認知的能力 その1	**気付く力の発達**		

気付く力

気付く力の発達

3歳児 ···· 44　　　　4歳児 ···· 46　　　　5歳児 ···· 48

事例と解説

3歳児：「お外、うおんうおん怒っとるよ」 ·········· 50

4歳児：家をなくしたカタツムリ ·········· 52

5歳児：春を食べよう！　ごっこ遊び ·········· 54

コラム　佐々木先生のつぶやき ·········· 56

第5章　3・4・5歳児の非認知的能力 その2

やりぬく力

やりぬく力の発達

3歳児 ···· 58　　　　4歳児 ···· 60　　　　5歳児 ···· 62

事例と解説

3歳児：ぶらんこで揺れる ·········· 64

3歳児：ダンスパーティー ·········· 66

4歳児：「こうやってよけたらいいんよ」 ·········· 68

5歳児：飛べないアゲハ ·········· 70

5歳児：「プロペラの飛行機」 ·········· 72

コラム　佐々木先生のつぶやき ·········· 76

第6章　3・4・5歳児の非認知的能力 その3

**人間を理解し
関係を調整する力**

人間を理解し関係を調整する力の発達

3歳児 ···· 78　　　　4歳児 ···· 80　　　　5歳児 ···· 82

事例と解説

3歳児：ぼくのおばけのおうち ·········· 84

4・5歳児：「おなかがすいてかわいそうよ」 ·········· 87

5歳児：「どっちがお得でしょうか？」 ·········· 90

第7章　**非認知的能力を育てる指導計画**

事例その1：「この角度」 ·········· 94

事例その2：ハイパーめんこ ·········· 97

事例その3：めんこなくなる ·········· 100

事例その4：ハイパーめんこ2 ·········· 105

第8章　**Q&A** ·········· 109

おわりに　保育に携わる皆さんへのエール ·········· 118

引用・参考文献 ·········· 119

本文中の＊印の引用・参考文献は
P.119に掲載しています。

第 1 章

非認知的能力って何？

「非認知的能力」。なんだか、難しそうな言葉ですね。
でも、この言葉自体を知らなくても、日本の保育者の皆さんは、
子どもたちの非認知的能力を日々育んでいるはずです。
どんな能力なのか、まず、全体像をおさえましょう！

「非認知的能力」を考えるその前に…

保育者ってすごい！

保育者の皆さんが、日常的に行っている保育は、実はとても高度なことなのです。
まず、それをあらためて感じていただきたいと思います。

事例

「先生、私が跳ぶの数えてね」。口を真一文字に結んで、4歳児が縄跳びの縄を構える。
　保育者は、「1、2、3、4、5」と数える。縄は6回目で脚にかかってしまう。でも、彼女の表情からは「どう？　やるでしょう、私」という思いが読み取れる。「すごい。5回も跳べたね」と喜ぶ保育者に、4歳児は納得した顔でうなずいた。彼女はすぐに息を整え、次の挑戦に備えて身構えている。

たった一言にもにじみ出る保育者の専門性

　この事例を読んで、皆さんはどのように感じましたか？　もし、今まで7回跳べていた子どもに対してなら「5回も」という言葉はかけません。その子は「先生、私を甘く見ないでね！　ぷん」と自分の実力が正当に認められていないと感じ、逆に怒ると思われるからです。その場合、保育者は「1、2、3、4、5…、5回」とカウントしたあと、少し余韻を残すように「5回」であったことを客観的にジャッジするでしょう。いいところを見せようと気がはやり、失敗してしまったであろう、この4歳児は、「もう1回。先生、もう1回いくよ」と、再挑戦を宣言するでしょう。そして、「…7、8、9、10、11、12、13。すごい。13回も！」と興奮する保育者に、今度は彼女も満足してほほえむ

はずです。
　「5回」なのか「5回も」なのか、たった一言で変わってくる言葉のニュアンスで、子どもを的確に認めたり、やる気を促したりできる保育者の専門性の高さをうかがい知ることができるでしょう。もちろん、その背景には、前日までの子どもの姿から読み取る育ちや学び、その子の性格など、子ども理解の基本がしっかりとなされていることも見逃してはいけません。保育の現場は、このようなスリリングな瞬間の連続で構成されているのです。

第1章 非認知的能力って何?

保育は「生きる力」を育む

　このように、目標や課題をもって縄跳びに挑戦する4歳児の姿からも、保育が子どもの「生きる力」の基礎を培うものであることがわかります。この縄跳び遊びのなかでも、遊びへの関心や心情、跳ぼうとする意欲や挑戦する態度などが促されている様子もよくわかります。「心情・意欲・態度」は、日本の保育現場で以前から大切にされてきたものですね。

「心情・意欲・態度」それだけじゃない

　でも、それだけではありません。例えば、「5回」という言葉は「全部で5回跳べた」という、ものの集まりの大きさを表す集合数を意味しています。「お友達が跳ぶの待っていてね。あなたは5番目ね」は、順番を表す順序数を表しています。ですから、私たち保育者は、「5（ご）」とだけ言って終わりにしません。生活のなかのＴＰＯに合わせて意図的に「5回」「5人」などの数詞をつけて子どもに伝えたり、時には「五つ（いつつ）」という表現に触れさせたりもします。

しかも、「五つ」がもつ、その子なりの価値を表す感動や驚き、共感などの感情たっぷりのアクションつきで、です。

　あるいは、「一番はじめ」、「一番後ろ」とか、「3番目の人は5人のちょうど真ん中」など、さりげなく比べたり、多少の区別をしたり、きょうの日付や曜日・時刻を子どもたちに伝えたりもします。現在・過去・未来など、時間や月日の順序を考えて話したりすることも保育者にとっては日常のことですよね。

日常の保育こそ、良質の教育

　「算数教育」という意識をもたずに、普通に、しかも日常的に行っているこれらの保育者の営みは、幼児期の子どもたちに数理的な見方や考え方を自然な形で、しかも「アクティブ・ラーニング」させながら身につけさせている、優れた指導なのです。「算数」という特別な時間ではなくて、生活のなかで、日常的に、根気強く繰り返して行われる保育こそ、幼児期の子どもたちにふさわしい良質の教育と言えるでしょう。

いろいろな力が遊びのなかで育つ

　縄跳びに熱中する子どもに話を戻すと、友達と回数を競い合うなかで、より大きな数まで数える必要も生まれることでしょう。跳べた回数を足し算して、累積し日々の励みにするでしょう。百や千といったすごい数が登場して驚くこともよくあることです。縄跳びひとつをとっても、数や量に関わるきっかけを豊富に含んでいます。遊びのなかで、心情や意欲や態度はもとより、物の見方や考え方（素朴な科学的思考力）、数や量や言葉なども一体的に促されていきます。

子育てのプレーヤー同士で英知を高め合おう

　「幼児教育」は、環境を通して、遊びや生活のなかで総合的に行われます。このようなやり方が幼児期の発達特性に最も合っているからです。

　一方、「保育」は、総合的で日常的で、自然な形であるがゆえに、優れた保育実践は世間の人たちにはわかりにくいということも否めません。本書は幼稚園や保育園やこども園の保育者、さらに保護者や支援されている方たち、いわば子育てのプレーヤー同士で、英知を高め、共につながり、新しい時代の保育を創造していきたいと願っています。

　「阿波おどり」が有名な我が郷土、徳島では、踊り子のグループを「連（れん）」と呼びます。連は同好の士や、企業・大学・団体を単位に結成されます。真に子ども（チャイルド）のための保育を求めてつながる私たちは、まさに「チルド連（children）」です。

　行政用語として使われる「教育」や「保育」、「指導」や「養護」などは、一見すると対立しているかのようなイメージはありますが、本書では養護的・カウンセリング的要素と教育的・ガイダンス的要素が絶妙のバランスである幼児教育の方法、「保育」という用語を用いて、非認知的能力について解説していきたいと思います。

第1章 非認知的能力って何？

 佐々木先生のつぶやき

「適当」、そこがいい保育環境

以前の学校教育法第77条（※）は、こんな条文でした。『幼稚園は、幼児を保育し、適当な環境を与えて、その心身の発達を助長することを目的とする』

若き保育者であった私は、この「適当な環境」という表現が嫌いでした。「なぜ、『適切』と言わないんだ、誇りある保育の仕事が、世間から『適当（テキトー）＝いいかげん』と思われるじゃないですか！」と、言葉のゆるさに不満がありました。

ところが、キャリアを重ねるにつれて、この「適当な環境」こそが幼児期の子どもの発達に合った名言であることがしみじみわかってきました。もし、体育の授業で縄跳びを「アチョー」とヌンチャク代わりに回していたとしたら、「こらっ！」と先生から注意を受けるでしょう。だって、縄跳びの適切な使い方は回して跳ぶことですもの。

でも、保育では縄で電車をつくります。縄の中の子どもたちは友達と電車ごっこを楽しみます。地面に丸い輪をつくるとお相撲ができる土俵となります。「オーエス、オーエス」と綱引きしたり、ぐるりと回して投げれば、枝に引っかかったフープをとる道具にも変身します。自由感や融通性のある「適当さ」のなかで、いろいろな関わり方や楽しみ方をしながら、縄の特性やさまざまな活用の可能性や創意工夫を学んでいきます。もちろん、縄跳びのためにつくられた縄は、跳ぶことに最大の効果を発揮しますから、縄跳びに挑戦し、さまざまな技への工夫が展開されていくことは間違いありません。「適当な環境のなかでの適切な援助」が私の目指すところです。

※平成30年6月1日公布の学校教育法（平成30年法律第39号）
　第22条　幼稚園は、義務教育及びその後の教育の基礎を培うものとして、幼児を保育し、幼児の健やかな成長のために適当な環境を与えて、その心身の発達を助長することを目的とする。

非認知的能力とは

学力や技能とは異なる重要な力

3法令改訂(定)のキーワード「非認知的能力」。どんな能力で、
この能力を育むとどんな効果があるのでしょう？

新要領・新指針、注目のキーワード！

平成29年の幼稚園教育要領や保育所保育指針、幼保連携型認定こども園教育・保育要領の改訂(定)に伴い、よく見聞きするようになったキーワードの1つが「非認知的能力」です。

この非認知的能力は、「非認知的スキル」や「社会情動的スキル」とも呼ばれています。新要領・新指針では、「学びに向かう力、人間性等」とも表現されています。知識や経験を獲得したり、それらを活用して考えるといった「認知的能力」(認知的スキル)と区別される能力で、ＩＱなどのようには数値化されにくいという特徴があります。

科学的に証明され始めた育成効果

非認知的能力は、学力や技能とは異なる能力で、具体的には「目標の達成(忍耐力、自己抑制、目標への情熱)」、「他者との協働(社交性、敬意、思いやり)」、「情動の制御(自尊心、楽観性、自信)」など[*1]が挙げられます。この非認知的能力を育むと、どのような効果があるのでしょう。近年、その育成効果は、科学的にも証明されつつあります。ＯＥＣＤ(経済協力開発機構)が、加盟11か国を対象に実施した調査では、非認知的能力を育むと、肥満・鬱・問題行動・いじめなどの抑制に効果があるとわかりました[*1]。また、飲酒や喫煙などの生活習慣と相関があることが示されています。さらに、常勤雇用率を高め、年収の増加や良好な健康状態につながるとされています[*1]。これらが社会全体に広がることで、税収増加や医療費削減といった社会的・経済的効果につながるという調査結果もあります[*2]。

非認知的能力は、実社会との関わりを通じた育成が効果的です[*1]。改訂された幼稚園教育要領や小学校学習指導要領などでも、園や学校だけでなく、家庭・コミュニティ・企業などが積極的に教育活動に参加する「開かれた教育課程」づくりが求められているのもこのような理由からです。

 非認知的能力とは

どっちも大切!
「認知的能力」と「非認知的能力」

豊かな人生を送るうえで、どちらも重要な能力です。
では、どんな違いがあるのでしょう?

第1章 非認知的能力って何?

人生の成功には非認知的能力が重要?

アメリカの経済学者ヘックマン博士の研究によって、幼児期における非認知的能力の育成が人生にどう関わるかについての関心が、いっきに高まりました。博士はアメリカでの研究のデータを再分析しました。

そして、その結果から、「人生で成功するかどうかは、認知的スキルだけでは決まらない。非認知的な要素、すなわち肉体的・精神的健康や、根気強さ、注意深さ、意欲、自信といった社会的・情動的性質もまた欠かせない[*]」と、幼児期の教育の効果を発表しました。

日本では、学習塾での入試の準備教育やテストの成績、IQなど、認知的能力のなかの、いわば「読み・書き・計算」的な物差しで子どもの能力を測ろうとする傾向がまだあります。

でも、たとえ乳幼児期などの早い段階から教科学習を始めたとしても、長期的に見ると効果が薄い(そのままでは長続きしない)ということがわかってきています。

先取り学習の効果は
長く続かない

　それは、「ペリー就学前プロジェクト」(1962年〜1967年にアメリカのミシガン州で、低所得のアフリカ系58世帯の就学前の子どもたちに対して実施された教育計画)の結果の分析から検証された内容です。幼い時期に教科学習の先取りを行って、高いＩＱを身につけたとしても、ほとんどの場合４年以内にその年齢層の標準ＩＱに落ち着きます。先取り学習を行っても、数年後には通常の教育を受けた子に追いつかれてしまうのです。

最も効果があるのは、
非認知的能力を育てること

　では、就学前教育・幼児教育の効果が、最も顕著に現れたのは何でしょう？　それが、非認知的能力だったのです。

　ヘックマン博士が、その後の子どもたちの成長を追跡調査した結果、ペリー就学前プロジェクトの教育を受けた子の方が教育を受けていない子と比べて、14歳時点での学校出席率と成績、19歳時点での高校卒業率、そして27歳と40歳時点の収入や犯罪率や持ち家率などで、優れた結果を出していることがわかりました[*]。

　こうした成功は、就学前に毎日勉強をがんばったこと、貧困から抜け出そうという向上心、先生に優しく対応された経験や感謝の気持ちなど非認知的能力が育った結果だと博士は結論づけています。

　また、非認知的能力が認知的能力の土台となることや、非認知的能力は幼児期から小学校低学年に育成することが効果的であることなどの、博士の研究成果も注目されています。

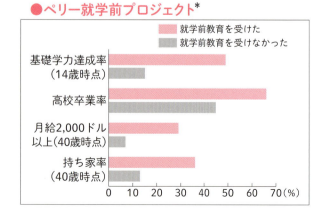

●ペリー就学前プロジェクト[*]

非認知的能力とは

日本で非認知的能力はずっと前から大切にされてきた

「非認知的能力」は聞き慣れない言葉かもしれませんが、日本では、世界的に注目される前から大切に育まれてきた力です。

第1章 非認知的能力って何?

非認知的能力を発揮できる子を育てるために

私たちの社会は情報化やグローバル化が進んで、より複雑になり続けています。現在の子どもたちが成人した社会を想像してみてください。与えられた知識や情報の活用だけでは生き抜くことはさらに難しくなるでしょう。

一人ひとりの力を存分に発揮し、他者と目標を共有し、知恵を出し合い、それぞれの持ち味やよさを生かし合いながら、よりよいものを創造していく非認知的能力を幼児期から育てる必要があります。

「心情・意欲・態度」こそ日本が培ってきた非認知的能力

私たち日本の保育者は、これまで、心情や意欲や態度などの生涯にわたる人格形成の基礎を培う幼児期の教育に心血を注いできました。世界的に注目される前から、非認知的能力の育成に力を入れてきたと言えます。ですから、非認知的能力が世界的に注目されるようになったというこのトピックスは、日本の幼児教育を大いに励ましてくれました。

日本の教育・文化の強みが発揮されるとき

ここ30年間の世界の幼児教育の動向を見ていると、文部科学省や我が国の幼児教育研究者たちが、21世紀の教育を見据えた施策を進めてきたことを実感します。

「心情・意欲・態度」、さらには、「知・徳・体」や「心・技・体」など、認知的能力も非認知的能力も重視してきた我が国の伝統的な教育・文化の「強み」が発揮される好機でもあるのです。幼児期に育ってほしい非認知的能力とはどのようなものか、どうしたらよく育つのかを次章から詳しく見ていきましょう。

日本で大切にしてきた力が世界で注目されるようになったんです

なんだか自信が出てきました

13

佐々木先生のつぶやき

資質・能力の3つの柱と非認知的能力

　幼稚園教育要領や保育所保育指針、幼保連携型認定こども園教育・保育要領の改訂（定）で最も大きなポイントと言えるのが、「幼児期の終わりまでに育ってほしい姿」（「10の姿」）が提示されたことです。「10の姿」のベースには、小学校以降とのつながりを踏まえて新たに示された、幼児期に「育みたい資質・能力」（「3つの柱」）があります。

　資質・能力の「3つの柱」のうち、【学びに向かう力、人間性等】はまさに非認知的能力そのものですが、第2章で紹介する、「気付く力」は、右の原文の下線部分に見られるように【知識及び技能の基礎】に関係しています。

　また、第2章に出てくる「やりぬく力」の自尊心は【思考力、判断力、表現力等の基礎】の判断力に関係しています。

　非認知的能力は、このように、資質・能力の「3つの柱」と深い関係があるのです。

幼児期に育みたい資質・能力の「3つの柱」

【知識及び技能の基礎】
　豊かな体験を通じて、感じたり、気付いたり、分かったり、できるようになったりする
【思考力、判断力、表現力等の基礎】
　気付いたことや、できるようになったことなどを使い、考えたり、試したり、工夫したり、表現したりする
【学びに向かう力、人間性等】
　心情、意欲、態度が育つ中で、よりよい生活を営もうとする

第 2 章

非認知的能力には どんな能力があるの？

非認知的能力には、どんな能力が含まれるのか、見ていきましょう！
能力をグループ分けして考えると、
子どもたちの非認知的能力を捉えやすくなります。
保育の場で取り入れやすいグループ分けもご紹介します。

非認知的能力の枠組み

非認知的能力のグループ分け

「非認知的能力」について、世界の研究者がさまざまな分類を行っています。
でも、その分類を保育の場でそのまま用いるのは、ちょっと難しいかもしれません。

難しい認知／非認知の区別

　保育現場で見られる子どもたちの重要な能力（スキル）は、多岐にわたります。また、遊びやさまざまな活動は、いろいろな能力（スキル）が絡まり合って総合的に発揮されている姿です。ですから、子どもたちの姿を単純に認知／非認知と分けて見て取ることは至難の業と言えます。
　では、保育の現場では、どのように向き合っていけばよいのでしょうか？

さまざまな能力が一体的に育つ

　「保育者ってすごい！」のページ（→p.6）で解説した通り、縄跳びに挑戦する姿からだけでも、遊びへの関心や意欲や挑戦する態度、保育者への期待や信頼といった非認知的能力と、跳べた回数を数えたり足したり、前回と比べたりするなどの認知的能力が見られました。
　認知／非認知のスキルがいっしょに発揮されているからこそ、「もっと跳べるようになりたい」という意欲や、そのために必要な跳び方の工夫や思考が深まっていきます。さらに、跳び方がスキルアップしてうまく跳べるようになれば、数える数も大きくなって、数え方や数処理の能力も向上していきます。
　遊びがより高度に、かつダイナミックになっていく背景には、いろいろな認知／非認知のスキルが関係し合い高め合っているのです。まさに、「スキルがスキルを生む」という相互作用です。

どのような非認知的能力を
どうやって育てるの？

　さらに、世界の研究者たちがそれぞれの専門分野から、非認知的能力の分類を提案してくれていますが（→p.30）、それをそのまま保育の場で使うのは難しいかもしれません。
　私たち保育者は、乳幼児の発達・発育の過程で重要な事柄を知っています。例えば、いくら縄跳びに関心をもって取り組んでも、それができる体ができていなくては不可能です。自分の体を操作する能力や挑戦し続ける体力も必要になります。つまり、子どもたちの非認知的能力を考えるとき、それを下支えする基礎的な能力についてもいっしょに考えたいところなのです。

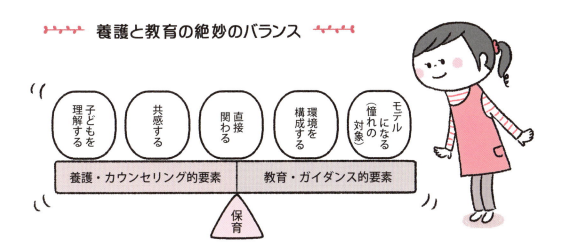

でも、あまりに範囲が広がりすぎると、カウンセリング的要素とガイダンス的要素が絶妙なバランスを誇る「保育」の視点から、非認知的能力を解説するという本書の目的がぼやけてくる恐れがあります。

そこで、平成29年の幼稚園教育要領や保育所保育指針、幼保連携型認定こども園教育・保育要領の改訂（定）で重点とされている小学校とのつながりも意識し、「主体的に学びに向かう力」をいかに育んでいくかを念頭に、そのためにどのような非認知的能力をいかに育成していくかについての実践的な取り組みを提案していきたいと思います。

自ら学んでいける子に！

縄跳びの事例で、保育者は「何回跳べるか？」という目に見える成果を評価したのではありません。子どもが縄跳びを通して、目標をもって、仲間と励まし合ったり、うまく跳べるように工夫したりしながら、根気強くがんばってきた過程を讃えています。

子どもは、がんばった末に何かを獲得したという成功体験を味わいます。すると、今度は「もっと、跳べるようになりたい」「いろいろな跳び方に挑戦したい」という自分の意志・判断によって、さらに努力し、「何回跳べるようになった（逆に、さっきよりうまく跳べなかった）」とか、「○○跳びができるようになった（逆に、まだ跳べない）」などと、結果を受け入れ、喜んだり、悔しがったり、さらに努力したりなど、自ら責任をもって行動する主体性を育んでいきます。

もちろん、この主体性は、縄跳び以外のさまざまな遊びや活動にも向けられていくはずです。小学校での学習はもとより、さまざまな事柄について自ら学んでいく子どもに成長していくことでしょう。

非認知的能力の枠組み

保育の場で見られる非認知的能力

実際に子どもたちの姿を見ていく際に、理解しやすい見方で非認知的能力をグループ分けしました。
具体的な事例を見ながら考えていきましょう。

保育現場で活用しやすい枠組みで考えてみよう

OECD（経済協力開発機構）が示した社会情動的スキル（非認知的能力）の枠組み（→p.30）を参考にしながら、保育現場で活用しやすくまとめたのが、下の『非認知的能力の3つの柱』に示した、「気付く力」・「やりぬく力」・「人間を理解し関係を調整する力」の柱とその要素です。

次のページの事例を見てください。この事例のなかにどれだけの力が見て取れるか、チャレンジしてみましょう。1つの事例でも、多くの非認知的能力が関係していることがおわかりいただけると思います。保育の場では、非認知的能力を下の3つの柱で捉えると、子どもの育ちが見えやすくなり、適切な援助もしやすくなります。次のページから、3つの柱を詳しく見ていきましょう。

● 非認知的能力の3つの柱

気付く力
・好奇心
・驚嘆する心（感動）
・探究心

すべての非認知的能力の成長のきっかけ

やりぬく力
・情動をコントロールする力
　自信と自尊心
　期待と楽観性
・課題の達成に向かう力
　やる気（目標への情熱）
　がんばる力（忍耐力）

身体の能力とも深い関係がある（→P.76）

人間を理解し関係を調整する力
・異質なものとの出会い
・異質なものへの興味や関心
・他者との交流
・関係性をつくる

他者との関係のなかで育つ

3つの力はお互いに刺激し合いながら伸びていく

事例　「小指1本だけつないで」　4歳児10月（記録　佐藤恵）

子どもの姿	子どもの姿に見られる非認知的能力
登園時、玄関で、「きょうも私、一輪車の練習がんばろう」とK子が宣言するように言う。 　保育者は、職員ミーティングで担任から「毎日一生懸命、一輪車に取り組んでいるので、K子とR子が乗れるようになった」との報告があったことを思い出した。	自己肯定感、年長児への憧れ、目標を立てる力、気概、やる気・意志力、勤勉さ
「先生、K、うまく乗れるから、見に来てよ」と保育者を誘うので、見に行くと、4歳児の女児が8人一輪車に挑戦していた。K子は一輪車に乗りながらときどき手を叩くことができるほど上達していた。	承認欲求、態度や言葉で依頼する力、保育者への期待や信頼感
いっしょに取り組んでいたU子は、保育者を見つけて「手をつないで」と言った。 　こわごわ乗るU子の体は硬直している。保育者はしっかりと彼女の手をつないで支えていたが、そのうちにU子は緊張感が解けて、もう片方の手で、上手に乗れる友達と2人、3人とつながってメリーゴーラウンドのように回れるようになった。	気付く力（好奇心、探究心）、緊張感をもって挑戦する力、恐怖心や緊張感を解く力、勤勉性、挑戦する力、積極性、競争心、持続力、根気強さ、関わりをもつ力、連携力、連帯感、粘り強さ
保育者が手をつなぐ力を少し弱くし、3本の指で支えてみても、U子はバランスをくずさずに乗れている。すると、「先生、小指1本だけつないで」と言うので、小指を差し出すと、軽く保育者の指を握るだけでも、体が揺れることもなく安定して乗ることができた。	身体感覚、体力、気付く力（好奇心、探究心）、試す力、集中力、挑戦する力、持続力、自分への信頼感
「すごいね。あと少しだね」と言うと、うれしそうにうなずいた。	達成感、充実感、自己肯定感（自信）

第2章　非認知的能力にはどんな能力があるの？

 事例の読み取り

　運動会での年長児たちの一輪車パフォーマンスに感動して以来、4歳児たちの一輪車の取り組みに一層熱が入ってきました。登園すると、一目散に屋上の一輪車に直行する姿も多くなりました。一輪車という少し難しい遊具を乗りこなしている年長児たちの姿への憧れが、強い動機づけになって彼女たちを駆らせているのでしょう。

　遊びへの熱中度が高くなるほど、自分たちの上達や変化に対する評価も分化してデリケートになってきていることも注目すべきところです。「3本の指でも支えることができるほど乗れるようになってきたね」という保育者の評価を的確に察知し、今度は「先生、小指1本だけつないで」と頼むU子の言葉からもそれがうかがえます。自分を支えてくれるサポート力の量的評価が3本から指1本になり、しかも、一番小さくてか細い小指を指定している様子からもわかります。

非認知的能力の3つの柱

1　気付く力

すべての非認知的能力のベースとなるのが「気付く力」。
好奇心や小さな気付きから、感嘆する心（感動）が育ち、
さらにたくましい探究心が育まれていきます。

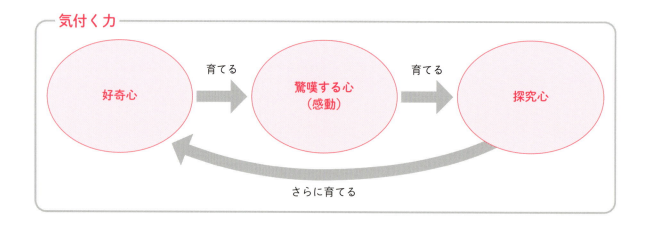

「気付く力」は、非認知的能力の土台

　子どもの主体性とは、「自分の意志・判断によって、自ら責任をもって行動する態度や性質」と言えます。でも、意図をもって目的を追求していく「意志」の前には、子どもなりの気付きや発見があることを忘れてはいけません。

　事例「小指１本だけつないで」(→p.19)で、年長児のパフォーマンスに触れて、その技のすごさに気付き、感動して、自分も一輪車に挑戦してみたくなった４歳児たちがまさにそうです。気付きや感動から生まれた憧れが、強い動機づけとなって、うまく乗れるようになるための探究心を発揮していきました。

　このように子どもたちは、好奇心をもって何かに気付き、何かを感じ、それをもとに考えたり、行動したり表現したりします。たとえ、無意識的にやっていたとしても、はっと我に返ったり、気付いたりしたところから次の行動は始まりますよね。

「気付く力」を育む保育者の援助

　私たち保育者は、「その子どもが何に気付いているのか？」「そこから何を、どう感じているのか？」といった内面的なことに注意を向けていく必要があります。感動は、表情や態度に表出されるので、わかりやすいことが多いですが、「気付く」や「感じる」という内面的な動きは、とても微細で表情や言葉に表れにくいこともあります。しかし、このような子どもの微細

な心の動きを見つけることこそ、保育の真髄です。

　非認知的能力を育てるために欠くことのできない視点ですから、保育者は子どもたちの気付きに注目しながら、この力を高めていくように援助し、活動を保障するような指導計画を立案することが大切です。また、さまざまな環境の構成を工夫して、環境に対する感性を揺さぶっていくことも忘れてはなりません。

「好奇心」が「驚嘆する心」を、「驚嘆する心」が「探究心」を育てる

　乳幼児期は、ものやできごとに対する直感的・感性的な把握と試行錯誤が活発な時期で、気付く・感じる・考える・関わる・行動することが順に意識化され、次第に高次化されて発展していきます。つまり、事象に対する感受性(気付く、感じる)や思考性(思う、考える)が、活動性(関わる、行動する、表現する)と関係しながら循環的に働き、かつ、その相互作用によってそれぞれの働きがより活発になるのです。小さな気付きや好奇心が、感嘆したり感動したりする感性「センス・オブ・ワンダー」を育て、「もっと、もっと」と環境に関わろうとする、たくましい探究心を育成していきます。

「気付く力」を育てるポイント

① 心揺さぶられる環境

子どもが興味や関心をもって関わったり、「楽しい」「おもしろい」と感じたりできる環境が豊かであること。

② 保育者の存在

大きさや美しさや不思議さに感動したり、対話を通して子どもの発想を豊かにしたり、考えを深めたりする保育者がともにいること。

③ 活動を保障する指導計画

幼児期の遊び体験を小学校やそれ以降の学習の土台として捉え、その時期にふさわしい力を存分に発揮させる活動を保障する指導計画があること。

 非認知的能力の3つの柱

2 やりぬく力

一輪車への挑戦を支えた「やりぬく力」は、
目標に向かっていくとき、困難にぶつかっていくときに
欠かせない力です。

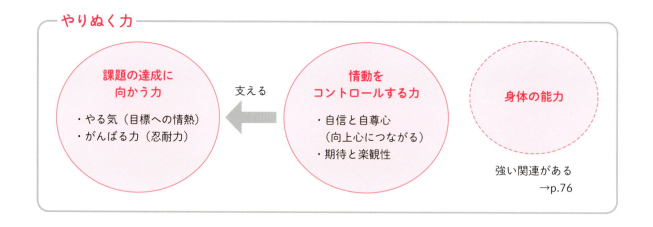

挑戦を支えた「やりぬく力」

「気付く力」は、「思う、考える」といった思考性や「関わる、行動する、表現する」という活動性を発動させるきっかけとなるとともに、思考性や活動性を発揮しながら、さらに多様で高次な気付きが生まれて、活動が高まっていきました。このことは、一輪車に挑戦する様子が変化し、ついには、やりぬいたという姿からもよくわかります。

それでは、一輪車への挑戦を支えた「やりぬく力」にはどんな非認知的能力の要素が働いていたのでしょう。やりぬく力の要素を見ていきましょう。まず、1つ目の要素は、「課題の達成に向かう力」です。この要素には、「やる気（目標への情熱）」と「がんばる力（忍耐力）」が含まれています。

「課題の達成に向かう力 （やる気、がんばる力）」

事例「小指1本だけつないで」（→p.19）の非認知的能力の要素をあらためて見てみましょう。その中で、「目標を立てる力、気概、やる気・意志力、承認欲求、挑戦する力、積極性、競争心、試す力」といったキーワードの部分が「やる気」にあたります。つまり、目標への情熱です。課題や目標を立てたり、それに向かっていく原動力となる力です。

さらに、「勤勉さ、持続力、根気強さ、粘り強さ、集中力、持続力」といったキーワードの部分が「がんばる力」つまり、忍耐力です。課題や目標を達成し

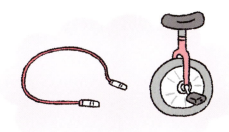

てやりぬくためのエネルギーともいうべき力です。しかも、これは単に我慢しているだけの受け身的で消極的な態度ではありません。課題や目標達成のためにいろいろと試したり、工夫したりする積極的な挑戦の連続が、他者の目から見て忍耐強くがんばる力に見えているのです。

やる気やがんばる力など課題に向かう力を支えているのが、次に説明をする「情動をコントロールする力」です。

「情動をコントロールする力（自信と自尊心、期待と楽観性）」

狭い意味での「感情」が穏やかで持続的な傾向をもつのに対して、情動とは、「怒り・恐れ・喜び・悲しみなどのように、比較的急速にひき起こされた一時的で急激な感情の動き。身体的・生理的、また行動上の変化を伴う[*]」と言われています。事例の一輪車に乗る際の恐怖心や緊張感などもこれにあたります。

子どもでなくても、私たち大人も、怒りや恐れ、悲しみなどの情動をコントロールしながら問題に対処することが求められます。「かっとなって、やってしまった」とか、「怖くて、体がすくんでしまった」とか「悲しくて、心が折れてしまった。やる気になれない」など、挑戦や成功を阻む要因はこの情動の部分にも多くあります。

この情動をコントロールできるのが、自信や自尊心です。これらは、やる気やがんばる力を支え、向上心につなげてくれるもので、やりぬく力には欠くことのできない要素です。事例の中では「保育者への期待や信頼感、自分への信頼感、自己肯定感（自信）」といったキーワードで表しています。

佐々木先生のつぶやき

釣り名人は短気？

「釣り人は気が長くて、のんびりと糸を垂れているのではない。むしろ、せっかちで、手を替え品を替え、いろいろと試しているのだ」と言われます。実は、私もそんな釣り人の一人です。「今、釣れるか。もう、釣れるか」の試行錯誤と挑戦の連続が、長時間にわたって続いていて、ついにはやりぬくのです。また、釣り名人たちは口をそろえて「私は短気なんです」と言います。状況に合わせた、いろいろな工夫や微調整がないと名人になれないのですね。私は、もちろん「迷人」の方ですが、納得するお話です。

「自信と自尊心」
その違い

　ところで、「自信と自尊心」と書きましたが、この2つは少し性質が異なります。

　「私は一輪車に乗れる」と信じるK子の姿からもわかるように、「自信」とは自分の能力や（やり遂げられる）結果を信じる気持ちといえるでしょう。いろいろな体験をして、いろいろな能力を身につけ、「できた」実績を積み重ねることで身についていく力です。

　一方、自尊心（self-esteem）は、自分の価値を認める気持ちです。「先生、うまく乗れるから、見に来てよ」と保育者を屋上に誘うK子の姿からは、「私はがんばってる。先生が見に来てくれる価値があるのよ」という気持ちがうかがえますよね。このように、「自尊心」とは、自分が他者から受け入れられ、なおかつ、自分の存在を価値あるものとして肯定したいという心です。ですから、自尊心が低い子どもは、正しい自分の守り方ができません。自分を守るために相手を傷つけたり、自分を守ることができずに自分を傷つけてしまうこともあります。自分を必要以上に大きく見せようとして嘘をついたり、相手に自分をよく見せようとがんばり過ぎたりすることもあります。自分で判断ができないことも自尊心の低さが原因になります。

自信はあるのに、
自尊心がなかったら？

　「それができる」という自信はあるけれども自尊心が育っていない場合、どんなことがおこるのでしょう？「失敗を他者のせいにする」「自分とは違う考えを否定する」「人の悪口を言う」「被害者意識が強くなり、自分の悪い所は見ない」などの気になる言動が多くなります。

　保育の現場では、自分に価値があることを認めたうえで自信をもつように援助していくことが大切ですね。具体的な援助については第5章で詳しく説明します。

「期待と楽観性」

　事例の「先生、うまく乗れるから、見に来てよ」と保育者を屋上に誘うK子の姿から「承認欲求、態度や言葉で依頼する力、保育者への期待や信頼感」が読み取れましたが、これらが「期待と楽観性」の要素です。先ほどの自尊心との関係が深いこともわかります。「先生は必ず見に来てくれる」という期待が、保育者を誘うという積極的な行動を促していますよね。

　期待は「将来その事が実現すればいいと、当てにして待ち設けること[*]」です。一輪車に挑戦する女児も保育者が見に来てくれることを当てにして待っていました。子どもは期待して、それがかなう成功体験や幸せ体験を重ねていくと、すべての物事を好都合に、あるいはポジティブに考えることができるような楽観

性が形成されていきます。「将来の成行きに明るい希望的な見通しをつけること*」ができる力をつけていくというわけです。

「がんばっていたら必ず一輪車に乗れるようになる」と、やり続けることができたり、「先生や友達が応援してくれているもの。大丈夫」などと、困難にぶつかったときに、そして、困難に立ち向かっていく前にこそ、「やりぬく力」を支えてくれる頼もしい力です。

佐々木先生のつぶやき

復興を支える日本人の非認知的能力

日本各地で大地震や豪雨などの自然災害が毎年のように発生しています。

ニュースなどを見て、その大変な様子に胸が押しつぶされそうになりますが、満身創痍ながら整然と列を作って配給物資を待ったり、礼儀正しく助け合う被災者の方々の姿に感動します。

太古から自然災害に翻弄され、苦しい敗戦を経験しても、そこから立ち上がってきた日本の文化には、将来の成行きに明るい見通しをつける、「楽観性」が感じられます。祖父母が大学受験にお守りを買って来てくれたとき、「よしっ。いけるやろ」と奮起しました。お守りは試験問題を解いてはくれないのにです。

「園長先生、出張気をつけて行ってきてね」と園児に送り出されると、『皆が守ってくれている。きょうも飛行機のトラブルはないな』と思います。

人や自然や神様やいろいろな存在や思いを味方に付けることができる、この力は日本人の強みであると考えています。

第2章 非認知的能力にはどんな能力があるの？

非認知的能力の3つの柱

3　人間を理解し関係を調整する力

「気付く力」や「やりぬく力」と関係しながら育つ力です。
具体的な能力ではなく、この力が育つ場面や子どもたちの体験を考えると、イメージしやすくなるでしょう。

人間を理解し関係を調整する力*

異質なものとの出会い

①	②	③	④	⑤	⑥
自分の思うようにならないことを体験する。	必要なときに、人に助けを求める。	他者が「いや」という行為や事柄に関心をもつ。	自分がされて嫌なことには、そのことを態度や言葉で表現する。	嫌なことを受け流したり、距離を置いて付き合ったりする。	自分と異なる行動や意見に対して考えるゆとりをもつ。

異質なものへの興味や関心

⑦	⑧	⑨	⑩	⑪
他者の行為や言葉に関心をもつ。	他者の思い入れや思い入れのあるものに気付く。	他者の言い分に真剣に耳を傾けて聞く。	感情を込めた言葉や論理的な言葉で伝えたり説明したりする。	他者の行為の意味について想像力を働かせる。

他者との交流

⑫	⑬	⑭	⑮	⑯	⑰
友達の遊びや活動に入ったり、友達を誘ったり、受け入れたりする。	活動や遊びのなかで、やりたいことをしたり、なりたい自分を表現したりする。	イメージを共有したり、役割分担をしようとしたりする。	自分の気持ちや行動、他者からの評価などの変化に気付いたり関心をもったりする。	自分や他者の良さに気付いたり、それを生かしたりする。	自分と違うところをもつ人に憧れる。

関係性をつくる

⑱	⑲	⑳	㉑
友達や他者に共感したり応援したり励ましたりする。	仲間のトラブルに介入したり、関係を調整したりする。	緊張した場面をユーモアで和ませたり解決したりする。	問題に対して創造的に解決しようとする。

将来の社交性や思いやりにつながる力

「気付く力」や「やりぬく力」と相互に関係し合い、支え合いながら働く力が、この「人間を理解し関係を調整する力」です。

ＯＥＣＤの社会情動的スキルの枠組み（→p.30）では、「他者との協働（例：社交性、敬意、思いやり）」とされていたものですが、乳幼児の段階では、いかに将来の「社交性」や「敬意」、「思いやり」につながっていく力を育てていくのかが課題になります。

一輪車の事例（p.19）で、年長児たちの一輪車パフォーマンスは、まさに「異質なものとの出会い」です。それらへの「興味や関心」は憧れとなり、取り組むなかで「他者との交流」が広がり、より深い「関係性」がつくられていきました。

異質なものとの出会いから交流が始まる

子どもたちは成長の過程で、できごとのスケール（ことの重大さ）や複雑さや困難さといったステージを変えながら、自分とは異なる異質なものとの出会い、異質なものへの興味や関心をもって、他者と交流し、関係性をつくっていきます。乳幼児から大人まで、すべての人は、「異質なものとの出会い」を経験しますし、「異質なものへの興味や関心」をもち、「他者との交流」をし始めます。そして、「関係性をつくる」ことで、協働していきます。

協働する力を育てるために、子どもたちに園生活のなかで体験してほしい内容を示したのがp.26の「人間を理解し関係を調整する力（21項目）」です。「人間を理解し」という表現は、他者の存在を知ることや相手のことを理解するということから、やがて人間という存在について子どもなりにつかんでいくという意味があります。

子どもたちは人と関わる体験を重ねながら、ＡちゃんやＢちゃんという個性に触れるとともに、「先生って」とか「大人って」、「人って」などの概念ができていきますよね。5歳児クラスになると「大きい組はね」など、年長者のあるべき姿や振る舞いを語ったりしているでしょう。そして、「関係を調整する力」が、他者と関わる体験や理解する体験のなかで育っていくのです。

それでは、21項目を詳しく見ていきましょう。次から説明する項目は「人間を理解し関係を調整する力」の「人間を理解し」の部分になります。

「異質なものとの出会い」

　子どもたちは、まず、自分とは異なる他者との出会いを体験します。その「異質なものとの出会い」のなかでは、① 自分の思うようにならないことを体験します。そこで、② 必要なときに、人に助けを求めることも人と関わるなかで必要なスキルです。逆に、③ 他者が「いや」という行為や事柄に関心をもつことも、他者との相互関係をつくるうえで大切な感性です。さらに、④ 自分がされて嫌なことには、そのことを態度や言葉で表現することも自立して生きていくうえで欠かせないことですね。

　また、生活していくなかでは、どうしようもない状況や避けられないトラブルもありますから、⑤ 嫌なことを受け流したり、距離を置いて付き合ったりする態度も重要です。これは、私たち大人にも言えることですね。そして、⑥ 自分と異なる行動や意見に対して考えるゆとりをもつことが、人と関わる体験を意味ある学びにしてくれるのです。

「異質なものへの興味や関心」

　実際の保育の場面で、私たち保育者は、「この子は今、どんな体験をしているのか？」「その体験のなかで、何を学んでいるのか？」「どんな態度やスキルを身につけてほしいのか？」などを理解しながら、具体的な援助や支援の方法を考えていきます。

　まず、どのような状況においても、⑦ 他者の行為

や言葉に関心をもつ好奇心は大切にしたいことです。このことは、先の「気付く力」と同様です。そして、この好奇心でもって、⑧ 他者の思い入れや思い入れのあるものに気付いていきます。保育者が心を込めて生けたお花や、年長児からのプレゼント、自分たちのために考えてくれた楽しい活動の企画、あるいは、友達が作りかけておいてある砂場の山などなど、園にはそんな「思い入れ」がいっぱいですよね。

　また、何かトラブルや行き違いがあったときなどに、⑨ 他者の言い分に真剣に耳を傾けて聞くことも貴重な体験です。傾聴するためには「やりぬく力」のページで述べた、忍耐力や自尊心も必要です。それぞれの非認知的能力が関係し合って働いていることがわかるでしょう。

　他者に何かを伝えようとする場合には、⑩ 感情を込めた言葉や論理的な言葉で伝えたり説明したりすることも欠かせません。感情的になるとうまく伝わらないので、論理的に語ろうとするのですが、逆に、感情が入らないと生き生きとは伝わりません。私たち大人でも難しいことですね。でも、このような体験のなかで、⑪ 他者の行為の意味について想像力を働かせる感性や知性が培われていきます。

　ここまでは、ＯＥＣＤが提案する「他者との協働」（社会情動的スキルのフレームワーク）（→p.30）で挙げられているような明確な「力」としては表れていないもの、つまり、「力の芽」となるものが多くあることに気付かれたでしょう。これらは、「他者や自分、さらには人

間という存在の理解」に関わる、基礎的なものと言えます。基礎的な部分は、目には見えにくいものですが、ここを見える化（可視化）して援助につなげていくことが私たち保育者の専門性でもあります。

次から説明するのは「人間を理解し関係を調整する力」の「関係を調整する力」の部分です。

「他者との交流」

相手への思いやりや敬意、社交性などはどのような体験のなかで養われていくのでしょう。まず、園の集団生活のなかでは、⑫ 友達の遊びや活動に入ったり、友達を誘ったり、受け入れたりすることを体験します。そのなかで、⑬ 活動や遊びのなかで、やりたいことをしたり、なりたい自分を表現したりするなど、人との関係のなかで自己表現や主張をしていきます。もちろん、ここでも「やりぬく力」の自信と自尊心や相手への期待が基盤にあることを忘れてはいけません。

そして、生活や遊びのなかで、⑭ イメージを共有したり、役割を分担したりしようとすることで、⑮ 自分の気持ちや行動、他者からの評価などの変化に気付いたり関心をもったりすることもできるようになります。さらに、⑯ 自分や他者の良さに気付いたりそれを生かしたり、⑰ 自分と違うところをもつ人に憧れる体験を重ねたりしながら成長していきます。

「関係性をつくる」

友達とのよい関係をつくるためには、⑱ 友達や他者に共感したり応援したり励ましたりすることも大切な体験です。逆に、⑲ 仲間のトラブルに介入したり、関係を調整したりするなどの、ちょっと難しい人間関係を体験したり、葛藤したり、努力してそれを乗り越えたりする体験は、粘り強さやたくましさを育ててくれるでしょう。

さらに、人間関係の緊張を緩和させるスキルとして「笑い」や⑳ 緊張した場面をユーモアで和ませたり解決したりする能力は不可欠です。大人でもなかなか難しいですが、空気を変えるような劇的な効果を幼児期に体験し、それを使いこなす力をつけることは一生の糧となるでしょう。これらの力を携えて㉑ 問題に対して創造的に解決していこうとする態度が形成されていきます。

もっとくわしく！

世界ではこう考える非認知的能力の分類

「非認知的能力」と言えば、世界的に有名なOECDの枠組みと
ビッグ・ファイブも知っておきましょう！

● 社会情動的スキルのフレームワーク（枠組み）

目標の達成
・忍耐力
・自己抑制
・目標への情熱

他者との協働
・社交性
・敬意
・思いやり

情動の制御
・自尊心
・楽観性
・自信

OECDの枠組みで事例を見ると…

非認知的能力は、さまざまな定義や分類が可能です。世界の研究者が、どのように定義づけているか、見ていきましょう。

OECDの「社会情動的スキルに関する報告書」（2015年[*]）では、非認知的能力（社会情動的スキル）を、上の3つの枠組みに分類して説明しています。

先の縄跳びの事例（→p.6）に当てはめて考えてみましょう。

跳び始める前に、4歳児の女児は、「先生、見に来てね。私、縄跳びできるようになったの。絶対ねっ！」と保育者を誘いました。

「跳べるようになりたい」と目標をもってがんばり、時にはくじけそうな気持ちを自己抑制しながら忍耐強く取り組んできたのでしょう。→【目標の達成】

4歳児クラスの仲間や先生たちと励まし合い、思いやりに支えられながら取り組んできました。
→【他者との協働】

「見に来てね」とアピールする姿からは、「先生は必ず来てくれる」そして、「『○○ちゃんすごいっ』と認めてくれる」という期待や楽観性が見て取れます。「縄跳びできるようになったの」という言葉からは自尊心が伝わってきます。「私は必ず跳べる」という自信が緊張の場面で背中を後押ししてくれていることもわかります。→【情動の制御】

このように、非認知的能力には、目標達成のために必要な力や他者との関係構築のために必要な力が含まれていることがわかります。OECDの枠組みを、事例に当てはめてみても、「なるほど」とうなずけますね。

●ビッグ・ファイブと呼ばれる5つの性格スキル

勤勉性
・まじめさ
・責任感の強さ

開放性
・好奇心が強い
・想像力、新しいものへの親和性

外向性
・社交性や活動性
・積極性
・コミュニケーション能力

協調性
・利他性や共感性など
・仲間と協力して取り組む力

精神的安定性
・不安や緊張の強さ
・自分に対する自信

ビッグ・ファイブ[*1、*2]

　ある研究者が、「21世紀に特に重要なスキルをリストアップしたところ、160にも上った」そうです。それを5つに分類したのが、ＯＣＥＡＮモデル、「ビッグ・ファイブ（Goldberg,L. 1990, 1992）」です。

　このうち、特に【勤勉性】は社会生活に大きく関わります。学校でも、ルールを守ること、熱心に取り組むこと、時間や締め切りを守ることが成績に影響することからも明白です。

　当然ながら、【外向性】や【協調性】がなければ仕事を上手にこなしていくことは難しいでしょう。でも、受験勉強などは一人でコツコツとするものなので、この2つは古い価値観での「学力」とは関係がないかもしれません。しかし、だからこそ、受験勉強以外の面で意識して高めておく必要があると言えるでしょう。

　つまり、子どもを社会で活躍できる子、しっかりと働いて生きぬいていく子にするためには、勉強を一生懸命する【勤勉性】だけでなく、人とのコミュニケーション能力や、心の強さや自分に対する自信が必要となるということです。

第2章 非認知的能力にはどんな能力があるの？

 ### 佐々木先生のつぶやき

「10の姿」には非認知的能力がいっぱい

　「幼児期の終わりまでに育ってほしい姿」(「10の姿」)のなかの非認知的能力を考えると、一見した文字面だけでも、「1.健康な心と体」「2.自立心」「3.協同性」「4.道徳性・規範意識の芽生え」「5.社会生活との関わり」「7.自然との関わり・生命尊重」「10.豊かな感性と表現」などが関連することがわかります。

　「非認知的能力の3つの柱」の「気付く力」「やりぬく力」のさまざまな要素を思い描くと、もっと多くの項目との関連性が見いだせるかもしれません。

　「主体的・対話的で深い学び」の保育をさらによくするために、また、小学校以降では、思考力や表現力などを伸ばす学びとして、アクティブ・ラーニングの充実が図られています。もともと幼児教育は机に向かって勉強するスタイルではなく、従来よりアクティブ・ラーニングだと言えるでしょう。

　しかし、実際はどうでしょうか？　子どもたちは「主体的」でしょうか？　保育は「対話的」でしょうか？　遊びや生活は子どもたちにとって「深い学び」となっているでしょうか？

　どの園にもおいても見直しや点検、改善の余地はあります。実践のなかで、非認知的能力の視点から今一度、見つめ直し、自らの保育力を高めていきましょう。

幼児期の終わりまでに育ってほしい姿 (「10の姿」)

1. 健康な心と体
2. 自立心
3. 協同性
4. 道徳性・規範意識の芽生え
5. 社会生活との関わり
6. 思考力の芽生え
7. 自然との関わり・生命尊重
8. 数量や図形、標識や文字などへの関心・感覚
9. 言葉による伝え合い
10. 豊かな感性と表現

第3章

0・1・2歳児の非認知的能力

「非認知的能力の3つの柱」は、まだ未分化で、
渾然一体となっている時期です。
さまざまな能力の根っこが育ち始めるこの時期、
保育者のあたたかな関わりが、とても重要になります。

非認知的能力の芽生えを探そう

渾然一体となって発達する時期

保育所保育指針の改定では、「乳児および1歳以上3歳未満児の保育の重要性」がキーワードの1つ。
この時期の非認知的能力の育ちについて見ていきましょう。

非認知的能力の芽生えを見つけていこう！

　平成29年に告示された保育所保育指針で、乳児と3歳未満児の保育に関する記載が充実したことにお気づきになったことでしょう。これは、近年の発達心理学の研究成果を反映し、非認知的能力の芽生えを促す保育の重要性を解説しているからです。
　もちろん、0・1・2歳児の時期は、「非認知的能力の3つの柱」として挙げた「気付く力・やりぬく力・人間を理解し関係を調整する力」は渾然一体としていて、未分化な発達の状態にあります。

　この章では、0・1・2歳児の発達の特性と非認知的能力との関係について考えながら、「気付く力・やりぬく力・人間を理解し関係を調整する力」につながっていく能力の萌芽を見つけていきたいと思います。

0歳児の発達と非認知的能力

無条件にまもってもらう経験が、のちのちの非認知的能力の育ちへとつながっていきます。
優しくあたたかい関わりがとても大切です。

「知覚」は好奇心の根っこ

非認知的能力を発動させる、気付く力には、「おもしろそう。やってみたい」という気付きや発見があることを先に述べました。珍しい物事や未知の事柄にひきつけられる心が「好奇心」ですが、さらにその根っこの部分には、感覚器官への刺激を通じてもたらされた情報から、外界の人やものやできごとの性質や形態や関係を把握する「知覚」があることを忘れてはいけません。

赤ちゃんの視覚

赤ちゃん（新生児）は、私たち大人と同じように五感を備えています。しかし、大人と同じように世界を見て、知覚しているわけではありません。

赤ちゃんの知覚は、脳の発達とも関連していて、生後8か月くらいまでの間に発達します。

「見る」こと、すなわち視覚のなかでも興味深い対象とされているのが、顔です。社会的な刺激であることから、顔は他の物体とは違った見方をすることが知られています。赤ちゃんの視力は0.02ほどしかないのに、顔を好んで見ることができます。お母さんの顔を見つめているように見えますよね。さまざまな心理実験から視線と顔に敏感であることがわかっています。

赤ちゃんは、だんだんと鮮明な映像を目にすることができるようになる一方で、立体視力が急速に発達します。動きの知覚と形の知覚を比べると、動いているものは発達初期から見え、形を見る能力を促進する効果があります[*1]。立体視が成立しても、目の前に広がる空間の世界を見るためには、さらなる発達が必要とされます。

なかなか複雑！赤ちゃんの知覚

これまで視覚についてご紹介してきましたが、赤ちゃん（乳児）は、見るより音を聴く方に興味をもつという研究[*2]もありますし、まだまだいろいろな感覚をもっています。

赤ちゃんはひとつの感覚（例えば触覚）で得た情報を、他の感覚（例えば視覚）の情報として捉えることができます。例えば、表面がツルツルとしたおしゃぶりと、ボコボコとしたおしゃぶりのどちらかを「見せずに」くわえさせると、その後、赤ちゃんは自分がくわえていた方のおしゃぶりを注視します[*3]。口で得た触覚情報から視覚情報を得ており、2種類の感覚を共有することができているとわかります。赤ちゃんの知覚は、なかなか複雑でたいしたものですよね。

安心感が自己肯定感や信頼感、期待感のもと

お母さんは、赤ちゃんを抱いてあやしながら、よく、優しく語りかけたり、触れてあげたりしていますよね。保育者もそうです。「うー」という赤ちゃんの声（喃語）や表情をまねて応答したり、おむつを取り替えながら「きれい、きれい。気持ちいいねー」などと話しかけたりします。このように応答性のある、優しくてあたたかい関わりは、赤ちゃんに自己肯定感や安心感を与え、さまざまな知覚を刺激し、発達を促すうえで大切なことなのです。

また、乳児は自分を保護してくれる人や動くもの、音など何かを発するものなどに対して興味・関心をもちます。それらに対して驚くこともあります。これらは、生命の安全を維持するために生まれながらもっている力のように見えます。

泣く子は（非認知的能力が）育つ

保育者としてのキャリアは多少あった私も、息子が誕生した当時、父親としては新米で、烈火のごとく泣く息子には鍛えられました。「言葉にならないものを読み解くのが保育」なんて格好をつけていた私でしたが、「びえーん、びえーん」と、泣きやんでくれない理由がわからず悪戦苦闘の日々でした。

体温を測っても熱はない。おむつも濡れていない（うちは妻のこだわりで布おむつでした）。キッチンを粉だらけにして苦労の末にミルクを作ったのに、飲ませようとしてもプッと吐き出す始末。途方に暮れた私は泣く息子を抱えて、おろおろと廊下を行き来しました。すると、不思議なことに、いつしか眠りに入っていくのでした。

無条件にまもってもらう体験が大切

赤ちゃんの「泣く」という行動は、「助けて」「なんとかして」という表現です。その「助けて」という表現に対して応えてあげる親や大人の態度はとっても大切なんです。

「○○したから、してあげる」というのではなくて、「自分は『助けて』と求めると無条件でその欲求が受け入れられて助けてもらえる存在なんだ」という感覚が、赤ちゃんに安心感を与えます。

このように、乳幼児期に親や信頼できる大人からまもってもらう体験を、繰り返し、繰り返しすることが大切なのです。泣き叫ぶ我が息子も、私とくっついて時を過ごすことで、安心の状態に戻ったのでしょう。

赤ちゃんは小さくて弱い存在ですから、常に不安なことや怖いことにさらされています。「だいじょうぶ、だいじょうぶ」とまもってもらえて、応えてもらえる安心感が、自己肯定感や、人への信頼感、「きっと、うまくいく」という期待感にもつながります。東京大学大学院の遠藤利彦教授は「言葉を獲得する以前の記憶は『期待』として残る*」と述べています。

人見知りも好奇心

さらにその後の成長段階では、人見知りをすることがあります。主に心の成長が関係して起こる行動です。お母さんという存在を認識できるようになるとともに、他者への好奇心が芽生え始めて、「見てみたい、近づきたい気持ち」と「怖い気持ち」の間で葛藤することで起こると言われています。「怖いのなら見なければいいのに」と思うのですが、わざわざ怖い人を見ては泣く、おもしろい光景をよく目にします。

赤ちゃんの人見知りは、早い子だと生後5か月頃から始まります。個人差はありますが生後6～7か月頃に始まることが特に多いようです。人見知りも好奇心の現れで、自分の存在を感じたり、他者の存在に関心をもったりする非認知的能力の1つと言えるでしょう。

第3章 0・1・2歳児の非認知的能力

非認知的能力の芽生えを探そう

1歳児の発達と非認知的能力

さまざまな非認知的能力が急速に育ち始める1歳児。
保育者自身の非認知的能力も重要になります。

芽生え始める好奇心と自我

　1歳児は歩行が始まって、はいはいの赤ちゃんの時期から比べると視野が広がり、行動範囲も飛躍的に広がります。これにしたがって好奇心も旺盛になっていきます。

　また、1歳児は、興味があるものには自分から近寄ったり触ってみたりと、好奇心や自我が芽生え始め、自分でやりたいという気持ちが急速に育つ時期です。

さまざまな動きを獲得し、探求活動へ

　自分で食事ができるようになったりして、心も体も大きく発達します。これによって歩く・押す・つまむ・ひっぱる・めくるなどのさまざまな運動機能も発達して、新しい行動を獲得していきます。歩く・押す・つまむ・ひっぱる・めくるなどのさまざまな動きは、この時期特有の探求活動ともいえるでしょう。

シンプルな驚きが、やがて「驚嘆する心」(感動)につながる

　この時期の子どもは、何でも手にとってみて、じっと見て観察したり、目に留まるいろいろなものに好奇心を示したりしていきます。また、突然のことや予想外のことに驚くこともしばしばあります。この時期の驚きは、とてもシンプルなもので、「素晴らしさや見事さに驚き感心する」という意味での感嘆や感動とまではいきません。でも、やがては驚嘆する心、感動する心(センス・オブ・ワンダー)に育つ大切な芽であることにちがいありません。

この時期に求められる
保育者の関わり

　この時期に大切な保育者の関わりは、「そんなことができるようになったのね」と、まずはあたたかい関心を寄せて、喜んであげることです。何でもひっぱってみたり、つまんだりめくったりして、ものを散らかしたりしてしまうことも、この時期の子どもたちにはよくあることです。でも、そこで頭ごなしに「だめ」「やめなさい」と叱ってしまうと、萎縮してしまって、積極的に環境に働きかけることができなくなります。

　乳幼児期の非認知的能力を育てるためには、私たち保育者の情動のコントロール力が必要です。「イラッ」としても非認知的能力を発揮して、一呼吸置いて、保育者としての使命をやりぬきましょう。

危険なこと・迷惑になることを
伝えるときは

　また、危険な行為や他者の迷惑となる行為については、真剣な表情で「それはよくない」ということを子どもに伝えることが必要です。このときに忘れてはいけないことは、「それはよくない」「ダメ」で終わらせずに、「これはよい」「こちらにすればどう？」と望ましい行為やものを具体的に提案することです。特別支援教育では「代替行動」などと言われている指導方法です。そして、その状況にふさわしい、または望ましい選択ができたときに認めたり、褒めたりしてあげると、子どもは自信をもって、気付いたり、行動したりできるようになっていくことでしょう。1歳児ではなかなか難しいことですが、根気よく繰り返して援助することが大切です。

非認知的能力の芽生えを探そう

2歳児の発達と非認知的能力

2歳頃の「イヤ、イヤ」は、非認知的能力の育ちでもあります。
大人がこの時期を「自我の育ち」として肯定的に受け止めることが大切です。

ぐんと広がる行動範囲と好奇心

園などにおいては、友達に興味をもち、隣に来ても抵抗なくいっしょに過ごせるようになるのが2歳児の特徴です。また、「どうぞ・ちょうだい・ありがとう」など、遊びのなかで必要な言葉やしぐさもできるようになります。体の動かし方も上手になり、言葉もたくさん覚えて、自己表現や行動の幅がぐんと広がってきます。

好奇心、つまり、知りたいという気持ちが強く現れることから、「なに？」「なぜ？　どうして？」の質問が多くなります。探求行動が盛んで、なんでもしてみたい、見てみたいという自発性が生まれます。さらに、自立心も生まれてきて、衣服の着脱や排泄（はいせつ）などの手助けを嫌がったり、大人の様子を見て自分もやってみたがったりします。

「イヤ、イヤ」に隠れた複雑な気持ち

一方で、第一反抗期と呼ばれる時期にもあたり、なんでも「イヤ！」「自分でやる！」と主張したり、うまくいかずにかんしゃくを起こしたりする行動も見られます。やきもちなどの複雑な感情を表現することができるようになり、ほとんど大人と同様に基本的な情緒が発達すると言われています。3歳に近くなると、他者を思いやる心も発達してきます。

ところで、2歳頃の「イヤ、イヤ」は、伝えたい気持ちをどう表現していいかわからずにストレスを感じていることの現れでもあります。自立心が発達して、何でも自分でやってみたい、でも、うまくできずにもどかしい。そんな複雑な感情が隠されていることもよくあります。

なんでも「ダメ！」と言ってしまっては、子どもは考えたことを否定されてやる気をなくしてしまいます。「あらあら、そんなことしてたら、知らないわよお…」と脅しを使ったりすると、大切な子どもからの信頼を失ってしまいます。「もう、しょうがないわねえ。○○あげるから」とものでつれば「泣けば思い通りになる」と、安易に認識してしまうでしょう。

人との関係のなかで、「やりぬく力」の根っこが育つ

　大切なことは、親や保育者、大人がこうした行動を、この時期の「自我の育ち」として受け止めることです。子どもは「やる気」が認められて、自分への自信をもつようになります。

　また、一方では、自分の行動のすべてが受け入れられるわけではないことに徐々に気付いていきます。子どもは、自分のことを信じ、見守ってくれる大人の存在によって、時間をかけて自分の感情を鎮め、気持ちを立て直していきます。これらが、「課題の達成に向かう力」や「情動をコントロールする力」のもととなって、「やりぬく力」を育てていくのです。

「人間を理解し関係を調整する力」の芽生え

　さらに、「人間を理解し関係を調整する力」の視点で考えると、前述の「イヤ、イヤ」は「自分の思うようにならないことを体験する」ことや「自分がされて嫌なことには、そのことを態度や言葉で表現する」ことに他なりません。つまり、自分が「異質なものと出会っている」ことに気付いて、違和感を表現しているのです。

　心の発達は自己発揮ができるようになって、やがて自己抑制もできるように向かっていきますから、この時期にしっかりと自己主張することは、後々の非認知的能力の発達によい影響を与えてくれるでしょう。あるいは、そう期待して、子どもの「イヤ、イヤ」を受け入れて、ゆとりある対応を心がけていきましょう。

佐々木先生のつぶやき

いない いない ばあ

　個人差はあるものの、「いない いない ばあ」を喜ぶのは、自我が芽生えて、自己と他者の分離が始まる生後6か月以降の赤ちゃんです。「いない いない ばあ」をしている相手を他者として認識している証拠です。「いない いない」と言って一時的に顔を隠して、赤ちゃんから分離すると、赤ちゃんは一瞬、不安そうな怪訝(けげん)な表情をします。でも「ばあ」と現れて再会すると、喜びの表情になります。

　何度か繰り返して遊んでいると、「いない いない」といって顔を隠した直後から、「ばあ」と予想通りに現れて、再会できることを期待して、けらけら笑っていたりしますよね。予想や期待が叶うことに喜びや興奮を感じているのでしょう。

　もしもですよ。「いない いない」と言って、本当にいなくなって現れてくれなかったらどうでしょう？　それは蒸発です。人間不信になりますよね。「自分の願ったようになっていく。世のなかは信じるに足るものだ」という期待と楽観性はこうしたやりとりや遊びのなかでも育っていくのです。

第 4 章

3・4・5歳児の非認知的能力 その❶
気付く力

非認知的能力の3つの柱を1つずつご紹介します。1つ目は、「気付く力」。
気付く力には、「好奇心」「驚嘆する心（感動）」「探究心」が含まれます。
各年齢の発達をおさえたあと、保育現場での事例を読んで、
子どもたちの姿のなかに、「気付く力」がどのように表れるか、見ていきましょう。

気付く力の発達

3歳児

3歳児は、生活習慣の自立や身体の発達によって、できることが増えていきます。すると、環境に関わる機会が増え、「好奇心」が刺激されます。「好奇心」は、「驚嘆する心（感動）」を育て、「驚嘆する心（感動）」が「探究心」を育てます。この「探究心」がさらなる「好奇心」を呼び起こし…と3つの要素が互いの育ちを引き出し、高まり合いながら、気付く力全体が育っていくのです。

3歳児の生活習慣

基本的な生活習慣が自立する

- 食事、排泄（はいせつ）、衣類の着脱などもほぼ自立できるようになる。
- 生活習慣がある程度自立することで、子どもの心のなかには、「何でも自分でできる」という意識が育っていく。

できることが増える →

刺激

環境と関わる機会の増加

好奇心

さまざまな環境と関わる機会が増え、好奇心が刺激されます。

つながる

3歳児の言葉の発達

話し言葉の基礎ができ、語彙数が増加する

- 話し言葉の基礎ができ、好奇心をもっていろいろなものや人に関わることができるようになると、楽しいできごとや素晴らしいできごとに心動かされる体験をしていくようになる。
- 理解する語彙数が急激に増加し、日常生活での言葉のやり取りが不自由なくできるようになる。
- 言葉の獲得を通し、知的興味や関心が高まり、「なぜ」「どうして」といった質問を盛んにするようになる。このような質問ややり取りを通して、言葉による表現がますます豊かになっていく。

本書では「身体の能力」を、「やりぬく力」を構成する能力の1つとしていますが、「気付く力」とも深いつながりがあります。

3歳児の身体の発達
気付く力の土台となる身体の成長
- 身長は生まれたときの約2倍（93〜99cm）、体重は4〜5倍（13〜15kg）となる。
- 基本的な運動能力が伸び、歩く・走る・跳ぶ・投げる・転がる…など、基本的な動作が一通りできるようになる。
- さまざまな動作や運動を経験することで、自分の体や手指の動きをコントロールしたり、身体感覚を高めていく。

つながる

できることが増える

探究心

興味をもったことを探求できる身体的な能力が備わってきています。

第4章 気付く力

驚嘆する心（感動）

予想したり期待したりできるようになっていきます。一方、思いもよらない物事に出会うと、驚いたり感心したりします。

 気付く力の発達

4歳児

3歳児で育った、「好奇心」「驚嘆する心（感動）」「探究心」は、4歳児になると、ますます力強く成長していきます。身体が発達するにつれて、環境への関わり方がより多様になることも、そうした育ちの大きな要因です。

好奇心

行動範囲が広がり、環境に積極的に関わろうとします。

水・土・草花・虫など、身近な自然環境にも好奇心を示し、積極的に関わろうとします。砂山や泥だんごづくりに夢中になったり、木の実を拾ったり、虫を捕ったりと、自分の手足を使い、感覚を総動員して見たり触れたりしながら、物や動植物の特性に気付き、知っていきます。

好奇心

3歳児

刺激

環境と関わる機会が多様に つながる

4歳児の身体の発達

体の動きが巧みになり、巧緻性も増す

- バランスを取る能力が発達し、例えば片足跳びができたり、スキップができるようになるなど、体の動きが巧みになる。
- 手先の器用さも発達し、はさみをうまく使ったり、ひもを通したり結んだりするなどの巧緻性も増す。

46

探究心

より豊かな関わりや遊び方ができるようになっていきます。

　探求活動を進めるなかでより豊かな関わり方や遊び方を体得し、認識する力や色彩感覚などを育んでいきます。

探究心

驚嘆する心（感動）

そのものやできごとからイメージを膨らませて感動することもできるようになります。

　動植物や自然の事象、人の想像したもの自体に対する感動に加え、自分なりの想像力を働かせて不思議さやおもしろさを味わう場面も増えます。

驚嘆する心
（感動）

気付きから想像力へ、そして創造力へ

　「ぬいぐるみが泣いているよ」と大切に片付けたり、「お空が泣いている」と雨空を見上げたりする子どもの姿を見ることがよくあります。

　子どもはさまざまにイメージを広げ、友達とイメージを共有しながら想像の世界のなかでごっこ遊びに没頭して遊ぶことを楽しみます。心が人だけではなく他の生き物や無生物にもあることに気付いたり信じたりします。

　3〜4歳児期の子どもは、さまざまな気付きが、思考力の芽生えや想像力の広がりによって統合され、創造的な世界をつくっていきます。

　たとえば、現実に体験したことと、絵本など想像の世界を重ね合わせたりして現実とファンタジーの世界を往き来することができます。一方、大きな音や闇（暗がり）、お化けや怖い夢、一人ぼっちで取り残されることへの不安などの恐れの気持ちを経験します。

　私たち大人は、この世界観を「幼い」と侮ってはいけません。優れたアーティストや発明家など一部の大人だけが持ち続けることのできる創造の源なのです。人や物やできごと・事象などすべてを含めた意味で相手の気持ちに共感できる能力、思いやりの萌芽でもあります。

気付く力の発達

5歳児

5歳児は、生活習慣の自立がさらに進み、認識力も向上して、他者の存在への意識が高まっていきます。こうして刺激された「好奇心」はさらに高度になります。もちろん、「驚嘆する心（感動）」「探究心」も高度に発達し、認知的能力も向上して、他者や科学的事象などに対し、大人顔負けの「気付く力」を発揮するようになります。

好奇心

他者と自分自身への好奇心が高まり、「気付き」も高度なものになります。

好奇心も小さい頃の動くものや珍しいものから、かなり科学的なものに向けられるようになります。

また、人の役に立つことがうれしくて、誇らしいと感じたり、進んで保育者の手伝いをしたり、小さい子どもたちの世話をしたりするようになります。こうしたなかで相手の心や立場を気遣っていくなど、大人顔負けの気付きができるようになります。他者だけではなく自分自身の変化や成長への関心（好奇心）も高まって「主体的・対話的で深い学び」が進んでいきます。

刺激 → **他者の存在への意識が高まる** → **好奇心** （つながる）

5歳児の生活習慣

基本的な生活習慣が完成する

- 起床から就寝までの生活に必要な行動のほとんどを一人でできるようになる。
- 家庭では、大人に指示されなくても一日の生活の流れを見通しながら次にとるべき行動がわかり、手洗い・食事・排泄（はいせつ）・着替えなどをすすんで行おうとする。
- 園では場や遊具などの共有物を大切にしたり、片付けをするなど、自分で生活の場を整え、その必要性を理解するようになる。

5歳児の認識力・友達関係

認識力と仲間意識の向上

- 5歳を過ぎると、物事を対比する能力が育ち、時間や空間などを認識するようになる。
- 少し先を見通しながら、友達と目的をもった活動をするようになり、仲間の存在がますます重要になる。

探究心

科学的手法を用いながら探究を進めていく姿が見られるようになります。

5歳児の認知的能力の発達

第2次認知革命の時期

- 5歳児期は第2次認知革命とも言われ、言葉の発達や認知的能力の発達が進み、見通しをもって計画したり、自分を振り返ったり、他者の視点で物事を考えたり、根拠理由づけ（因果推論）ができるようになっていく。
- 認知的能力と非認知的能力が影響し合いながら高まっていく。

探究心

驚嘆する心（感動）

科学的なものに興味をもち、その理由や根拠がわかったときに驚嘆（感動）します。

驚嘆する心
（感動）

4歳児

佐々木's EYE

気付く力は「10の姿」のベース

小学校就学への意欲や期待に胸を弾ませている5歳児期後半から6歳児期は、社会生活を営むうえで大切な自主と協調の姿勢や態度を身につけていく時期で、こうした姿勢や態度が生涯にわたる人との関わりや生活の基礎となっていきます。

幼稚園教育要領・保育所保育指針などで重点化された「幼児期の終わりまでに育ってほしい姿」（「10の姿」）は、まさにこの時期の「育ち（発達）」を評価する視点です。そして、「10の姿」のすべてのベースになるのが「気付く力」ということです。

第4章 気付く力

気付く力の事例と解説

3歳児 5月 「お外、うおんうおん怒っとるよ」

入園間もない3歳児5月の事例です。この週のねらいは、「身近なものに興味をもって関わったり、好きな遊びを見つけて遊ぶ」「保育者や友達に親しむ」でした。

事例

① 「先生、お外、うおんうおん怒っとるよ」。
園庭でヒーローごっこをしていた3歳児たちが保育室に駆け込んできた。② おびえた様子で、表情もこわばっている。
「そんなに怖いか、どれ、どれ」。保育者が外へ出ようとすると、子どもたちもついてきた。保育者の背中に隠れて風を防いでいる。

「すごい風。横殴りの雨。ひゅーん」と、保育者がおどけながら飛ばされていく振りをすると、今度は、子どもたちが前に立って、保育者を守るような仕草をした。
③ そして、今度は、「行くぞ、キックだ」と、小雨交じりの風に向かって行く。
強く吹きつける風が掲揚ポールのロープを「ぐおーん、ぐおーん」と鳴らしている。

非認知的能力のプチ解説

1 好奇心

強い風とそれが起こす「うおんうおん」という奇異で不気味な音に関心をもっています。

2 驚嘆する心（感動）

不気味な音や雰囲気に驚いたり、強い風に身体を押されたり、雨粒に顔を打たれたりする現象の背景に、生命感に満ちた何者かの存在をかぎ取っています。

3 探究心

吹きつける小雨交じりの風に、キックやパンチで向かって行くなどして、その正体を彼らなりに探求しています。

関連する「10の姿」

- 協同性
- 思考力の芽生え
- 自然との関わり・生命尊重

事例の読み取り

保育者や友達との交流が、困難に立ち向かう力になる

　子どもは未知なるものや目新しいもの、動くものや何かを発するものなどに対して好奇心をもちます。奇異なもの、怖いものへの関心は、生命の安全を維持するために生まれながらにして備わっているかのようにも見えます。

　この事例のなかで子どもたちは、強い風とそれが起こす不気味な音や雰囲気に驚き、「うおんうおん怒っとる」と表現しています。強い風や雨粒など現象の背景に、何かを感じ取っているようです。

　また、保育者の背中に隠れてついて行く様子からは、自分が怖がったり困ったりなど、何かアクションを起こすと好意的な応答が返ってくるとの期待や大人への信頼感が感じられます。

　このように、あるできごとを共有しながら、保育者や友達との多様な感情を交流させる遊びには、3歳児の心を癒し、困難に立ち向かわせ環境と触れ合わせるなど、探求へと向かわせる力があります。

第4章　気付く力

保育者の関わり

人といっしょにいる喜びを感じる体験を十分に！

　保育者の存在とおどけた動作によって、子どもたちは、この現象が自分たちにとって危険ではない親しみのもてる存在であることを理解し安心すると、今度は風に向かって挑んでいくようになりました。3歳児なりの探究心が促されていますね。

　保育者の「横殴り」という言葉から戦いごっこをイメージしたのでしょう。風力や音、雨とじゃれ合いながら、その特性を自分たちの遊びに取り込んでいます。

　この時期の子どもたちは、同じような活動をしていても、実はてんでに平行遊びをしていることが多いのですが、人とともにいる喜びを感じながら過ごす体験を十分に保障することが大切です。ゆるやかな友達とのつながりのなかで展開される遊びは、3歳児の「気付く力」を刺激します。保育者との安定した関係のなかで十分に繰り返されるよう援助し、3歳児の身近な環境や事象への関心が高まるようにすることが大切です。「気付いてよかった」という成功体験や「気付けばよかった」という失敗体験で気付く力の発達が促されるからです。

　また、単に知識を得ることだけではなく、環境の仕組みに好奇心や探究心を働かせ、遊びや生活のなかに取り入れ生かしていく楽しさを感得することが、主体的に環境に関わり続ける力につながっていきます。

気付く力の事例と解説

4歳児 6月 家をなくしたカタツムリ

入園して初めてできた「仲良し」のY子とU理は、毎朝、互いの登園を待っていっしょに活動を始めていました。仲良しができたことで行動範囲も広がり、さまざまな生き物にも出会うようになりました。生き物の知識も増えてきたからがゆえに起きたエピソードです。

事例

「U理ちゃん、守っていてね」。Y子はそう言って、①プランターに植えられた、イチゴの葉をかき分けている。

②「あれー。どこに落としたのかなあ」。Y子が真剣なまなざしを向けると、傍らに立っていたU理もプランターを覗き込んだ。重ねたU理の両手の上にはナメクジがいる。Y子は注意深く葉をかき分けていく。U理も目を凝らして地面や葉の裏を確かめる。

保育者は彼女たちが、カタツムリが落としてしまった殻を探しているのだと察した。イチゴを食い荒らす憎いナメクジは、「家をなくした気の毒なカタツムリ」となって2人に守られている。

保育者は、思わず笑い顔になった。それと同時に、今後の展開について思案した。

Y子はそんな保育者をたしなめるように、「先生も探してあげてよ」と言う。
保育者は、「はい。はい」と答え、イチゴの葉や根元の敷き藁をめくった。
「先生。もういいよ。おうちから出て幼稚園にきたのかもしれないし…」とY子が言うと、③「もっと向こうにあるかもしれないから行ってくる」とU理がうなずき、保育者の傍を離れていった。

非認知的能力のプチ解説

1 好奇心

ナメクジに、「カタツムリが殻を落としている状態」と好奇心を向けています。カタツムリとナメクジの類似性にも気付いている証拠です。でも本当は、別の生き物。ナメクジは殻が退化しているので、「カタツムリが家をなくしてしまった」のではないのですが…。

2 驚嘆する心（感動）

家をなくして気の毒な状態になっているナメクジに共感し、かわいそうに思っています。まさに、驚き嘆いているのです。

3 探究心

落としてなくしてしまったと推察しているカタツムリの「家」を葉っぱをかき分けたり、戸外のいろいろな場所を探索したりして探し求めています。

関連する「10の姿」
- 協同性
- 豊かな感性と表現
- 道徳性・規範意識の芽生え
- 自然との関わり・生命尊重
- 言葉による伝え合い

事例の読み取り

友達の存在が、さまざまな刺激になる

友達の存在は、子どものさまざまな能力の発達を促します。

非認知的能力も認知的能力もそうなのですが、この事例では、特に「気付く力」を刺激し、あきらめずに探求する姿を後押ししていることがわかります。

また、驚嘆や感動も1人の時より格段強いこともわかります。共感することで高まっていくのです。

※カタツムリやナメクジに触った後は、よく手を洗いましょう。
また、沖縄などに生息するアフリカマイマイには危険な寄生虫がいる可能性があるので触らないようにしましょう。

第4章 気付く力

保育者の関わり

ベテラン保育者も、迷うときがある

2人の探しているものが、カタツムリ（実はナメクジ）の殻だということがわかり、保育者の私自身も、彼女たちの行動に関心を寄せました。

私は駆除する目的でナメクジを探すのでありますが、彼女たちは善意で「カタツムリのおうち」を探している姿が愛おしく思えました。

しかし、それと同時に、『カタツムリを連れてきて比べて見せるとどうだろう？　いや、探求することの深遠さをそんなありきたりな方法でからめ捕ってしまってよいものか？』と考えました。

2人のファンタジーの文脈に関わっていこうか、それとも「正しい」と思われる認識に至らせようとする保育者の文脈で関わりをもっていくべきなのかを迷ったのです。

科学的に正しいことを伝えるか、イメージが豊かに描くファンタジーの世界を味わいつくすことを促すか、瞬時に判断するのは難しいところです。そこが保育の楽しさでもあるのですが、流れのなかで、子どもとの呼吸を乱さないようにしたいものです。（→p.56）

気付く力の事例と解説

5歳児 4月 春を食べよう！ ごっこ遊び

春は園庭の草花も豊富です。さまざまな草花を食べ物に見立てて、子どもたちのままごとも盛り上がっています。保育者は、その様子を見守りながら、咲き終えたチューリップの茎を切り取り、「食材」として提供しました。

事例　女の子4人が、①電線ドラムを囲んでままごとをしていた。この電線ドラムを調理台に、中央の穴をガスこんろに見立てて遊んでいる。A菜が、保育者の提供した②チューリップの茎を折りながら、「ぽきってしたら、筋が剥ける」と言うと、B美が「筋を取ったら、水にさらしといてね」とテンポよく言った。

C子も加わり、「すみませんが、ちょっとアスパラいただきますね」と、水に入れる前の茎を何本か取って行った。それを見たB美が、「新鮮なうちにお料理してね。時間が勝負なの」と言うと、C子は、「はい」と答え、D香が砂や花びらを炒めるフライパンの中にアスパラ（チューリップの茎）を入れた。D香が「火を最高に強くして」と言うと、それに応えて、C子が電線ドラムの縁を触り、ガスこんろのつまみをガチャガチャと回して、火を強くするような仕草をした。

「さあ、あとはちらし寿司とスープだけね」。そう言って、B美は両手を腰に当てて、身体をほぐすように軽いストレッチを始めた。B美の前には、水の入ったボールがあり、チューリップの茎が水にさらしてある。「あくが強いのよね、フキなんかは」と、B美は時間が経つのを待っている。

「スープできました。ちょっと味見てみて」とA菜がカップ麺の容器に茎を浮かべて保育者に差し出した。保育者が香りをかぎ分ける仕草をすると、③「特製スープには季節のお野菜が入っています。わかりますか？」と尋ねた。「この春らしい香りは？」と保育者が目を閉じて味わうように聞くと、③A菜は、「はい。フキです。あとアスパラも入っています」と応えた。「なるほど。その香りのハーモニーだったんですか」と保育者が言うと、横からB美が「先生、お寿司はお好きですか？」と尋ねてきた。「先生、ここのお寿司、最高なんですの」とA菜がうっとりしたような表情で言った。

非認知的能力のプチ解説

1 好奇心

5歳児たちの好奇心は旺盛で、「ままごと」という複合的なテーマで、春の植物を共同創作という実験的なシチュエーションで扱っています。

2 驚嘆する心（感動）

自分が見つけ出した、すじむきのスキルに感動し、その感覚と方法を感動をもって友達に伝えています。

3 探究心

「特製スープ」の秘密を保育者に探求させようとしています。「この春らしい香りは？」と「問い」を「問い」で返そうとする保育者の戦略に「自分たちの料理探求の成果」として堂々と応える姿が愛おしいですね。

関連する「10の姿」

- 協同性
- 社会生活との関わり
- 思考力の芽生え
- 自然との関わり・生命尊重
- 言葉による伝え合い
- 豊かな感性と表現

事例の読み取り

会話に表れる、周囲に配慮する姿

　この頃の5歳児たちは、料理などの「テーマ」をもって話を共有し、それを自分だけがわかる形で表現するのではなく、相手にも伝わるように表現する力が育ってきています。

　遊びに加わっている子どもが共通テーマを互いに確認し合っている様子や、「アスパラ」や「フキ」など見立てられている物の特徴を正確にふまえながら遊びを深めていく様子が見て取れるのではないでしょうか。

　認知的能力の思考力や言葉の発達の側面から見ると、5歳児期には言葉が子ども同士の考えをつなぐ役割を果たし始めています。ままごと遊びのなかで既に知っている物を再確認したり、「さあ、あとはちらし寿司とスープだけね」などと自分の想像の過程が独り言のような発話になって現れたりして、自分の考えが、いっしょに遊んでいる友達にも共有されていきます。会話を観察すると、副詞や形容詞などの修飾語の使用が巧みになっていたり、接続助詞や接続詞をうまく使用したりしています。「こうだから、こう」という順接的な表現もさることながら、ここでは、「すみませんが、…」のような逆説的な関係でも効果的な表現を使っています。

　また、この事例では、自分の考えを一方的に押し出すのではなく、周囲に配慮する姿が見られます。例えば、少し遠慮のある表現を使う、相手の言葉に合わせて役割を演じる、直接的な表現を避ける、場を和ませるような言い方をするなどです。これらから、子どもたちのなかに、楽しいよい状態をみんなで継続させたいという共通の思いがあることがわかります。

第4章　気付く力

保育者の関わり

環境設定や言葉かけの工夫で、ごっこ遊びはもっと盛り上がる！

　ごっこ遊びは、リアリティーが出てくると、より豊かに展開されます。環境設定として、フライパンなどの調理道具を置いておくのも1つの方法です。

　この事例では、子どもたちが自分自身で、フキのような触感や音・見た目の"らしさ"に気付き、共有しています。そこに、保育者が「匂い」という感覚を登場させました。

　保育者は、子どもたちとのやり取りのなかで、「ちょっと味見てみて」と差し出されたものに、香りをかぎ分ける仕草をして応えました。ここが、この保育者が工夫しているところでもありますね。

　子どもたちが見立てながら調理している野菜などは、春野菜に特有の強い香りがあります。「匂い」という嗅覚の感覚が登場することで、より鮮明なイメージをもって遊びが展開されていきます。子どもたちは、保育者との関わりを通じて、ごっこ遊びのリアリティーをつくり出すより多様な感覚の使い方、言葉、振る舞い、役割などの演出や場の構成といったものについても知っていくのです。

 佐々木先生のつぶやき

「家をなくしたカタツムリ」の事例に思うこと

　「家をなくしたカタツムリ」の事例（→p.52）で、私は、子どもたちに科学的に正しいことを伝えるか、子どもたちがファンタジーの世界を味わい尽くせるように関わるか、迷いました。

　子どもたちの経験が豊かで深い学びになるためには、「今、わかること」と、豊かな回り道や道草を楽しみながら「やがてわかること」のいずれを選択するかの判断も、なかなか難しいところです。

　私たち保育者は、子どもたちがさまざまな環境との関わりのなかで織りなしていく学びの物語を支えています。ところが、保育者の身体や知性がみずみずしさや柔軟性を欠いていると、子どもたちが創り出す遊びのリアリティーの世界からはじき出されるという状況も生じます。

　子どもの感動や発見、疑問が園生活のなかで多様に繰り返され、やがて豊かな知識の枠組みが形成さ れていくことを信じて日々を過ごしているのではありますが、保育の瞬間に、以下のような自問自答の淵によどんでしまった私は、「はじきだされた保育者」の好例となってしまったのでした。

　「比較検討は科学的方略であるけれど、人生にはそれができないことも多い。2つ並べてみてわかることと、それに没入して探し続けたり、味わい尽くすことはどちらが価値があるのだろうか？」

　保育は人生のレッスンであり鍛錬であると考えているので、私の保育には「？」がよくつきます。修業半ばのまったく煮え切らない保育者です。今回も、すぐに内向的に考える私のよくない癖が出ました。子どもとの関係のなかに身を置きつつ思索するのが保育の楽しみでもあるのですが、自問自答が過ぎるのも、子どもとの呼吸を乱してしまうと深く反省する日々です。

第 5 章

3・4・5歳児の非認知的能力 その❷

やりぬく力

非認知的能力の3つの柱を1つずつご紹介します。2つ目は、「やりぬく力」。
「情動をコントロールする力」に支えられて、「課題の達成に向かう力」が育っていきます。
各年齢の発達をおさえたあと、事例を読みましょう。
事例のなかの保育者が自分だったら、
どのように子どもたちと関わるか、想像しながら読んでみてください。

やりぬく力の発達

3歳児

3歳児期は、生活習慣がある程度自立し、身体も発達することで、やりたいことが出てきて、次第に「課題の達成に向かう力」へとつながっていきます。「情動をコントロールする力」はまだ未発達ですが、「やりぬく力」の基礎が育っている時期と言えます。

情動をコントロールする力
【自信と自尊心】【期待と楽観性】

まだまだ発達途上の時期。でも、さまざまな人や物への理解を深め、次第に期待や意図をもって行動できるようになっていきます。

喜怒哀楽などのいろいろな情動を表現したり、自分なりのその表現に対して、他者からていねいに対応してもらったりすることが、自信や自尊心、期待や楽観性へとつながっていきます。

3歳児の言葉の発達

言葉で表現できることが増える
- 周囲への関心や注意力、観察力が伸び、気付いたことを自分の言葉で言ったり、遊びに取り入れたりする。
- 簡単なストーリーがわかるようになり、絵本の登場人物や動物と自分を同化させて想像を膨らませたり、ごっこ遊びや劇遊びを楽しんだりする。

> **3歳児の身体の発達**
>
> ## やりぬく力の土台となる身体の成長
> - 基本的な運動能力が伸び、歩く・走る・跳ぶ・投げる・転がるなど、基本的な動作が一通りできるようになる。
> - 身体感覚が高まり、自分の考えを表現できるようになってくる。
> - 目的をもって遊ぶことができる体力がついてくる。

> **3歳児の生活習慣**
>
> ## 基本的な生活習慣が自立する
> - 食事、排泄、衣類の着脱などもほぼ自立するようになる。
> - 生活習慣がある程度自立することで、子どもの心のなかには、「何でも自分でできる」という意識が育っていく。

つながる

つながる

課題の達成に向かう力
【やる気（目標への情熱）】【がんばる力（忍耐力）】

なりたいもの・やりたいことの目的や課題が次第にはっきりしてきます。

　3歳児の初めのうちは、「目的をもって遊ぶ」というよりも、やっているうちに夢中になっていくことが多いです。後半になると、なりたいもの・やりたいことの目的や課題がだんだんと明確になっていきます。

第5章　やりぬく力

やりぬく力の基礎が育つ！

佐々木's EYE

　この時期の子どもたちは、「わたし、ぼく」と言うようになるなど、自我が成長していきます。また、それとともに、自分への認識を深め、家族・友達・保育者などとの関係性がわかり始めます。

やりぬく力の発達

4歳児

4歳児期は、人間形成の土台となる重要な時期。身体の発達により、アクティブに動けるようになったからこそ増える友達とのトラブルのなかで、「情動をコントロールする力」が育ちます。それに支えられ、「課題の達成に向かう力」も育まれていきます。

情動をコントロールする力

【自信と自尊心】【期待と楽観性】

← 刺激

衝突が起きても、自分の気持ちを抑えるなどして、また仲良く遊ぶことができるようになってきます。

5〜6人の友達とグループで遊び、ごっこ遊びに夢中になったり、衝突してもまた仲良く遊んだりできるなど、協調性も発達し、長時間遊べるようになります。このような遊びのなかでは、自分の気持ちを抑える必要も出てきます。うまく伝わらないことで起こる誤解から嫌なことを経験することも増えていきます。

4歳児の言葉の発達

言葉のやりとりがますます巧みに

- 話し言葉や思考する言葉の発達で、語彙数がますます多くなる。
- 物語的な話し方（内容をストーリー仕立てにして、聞き手の興味を引き、情動を揺さぶり、共鳴や共感を得る話し方）ができるようになる。
- 質問をしたり、自分の過去の経験を話したり、物語を客観的に話したりするなど、言語の表現の工夫が盛んになる。
- 「なぜ」「どうして」の質問が3歳児期よりも多くなり、思考力や判断力が発達する。

> **4歳児の身体の発達**
>
> ## やりぬく力を存分に発揮する体力がつく
>
> - 粗大運動（胴体と手足の大きな筋肉を動かす運動）のバランスがとれるようになり、動きが安定してくる。
> - 楽しく活発に身体を動かす機会が得られると、運動能力が著しく発達し、基礎体力が養われる。
> - 長時間、アクティブに遊べる体力がついてくる。

できることが増える ↓

つながる →

友達との関わりが増えトラブルも増える

刺激 →

支える →

課題の達成に向かう力

【やる気（目標への情熱）】【がんばる力（忍耐力）】

葛藤しながら、やる気や意欲を表現するようになります。

　グループで遊ぶなかで、ちょっと忍耐しながらがんばる必要がある場面を経験するようになります。4歳児の後半になると、時間や時期の理解がかなりできるようになり、園の行事を心待ちにするなど、やる気や未来に向かっていく意欲を意識的に表出するようになります。

つながる ↑

第5章 やりぬく力

佐々木's EYE

　この時期の保育者は、友達とのトラブルがあっても、「でも友達っていいな」と情動を整え、ネガティブな感情を乗り越えられるように援助していくことが必要です。特に、喜びや楽しみ、安心や期待がもてるような「ハッピーエンド体験」が大切になってきます。

5歳児

やりぬく力の発達

さまざまな葛藤を経験し、仲間への信頼感が高まるなかで、情動をコントロールするのがうまくなります。この力に支えられ、「課題の達成に向かう力」はさらに高まり、仲間とともに目標を掲げて「やりぬく力」となるのです。

情動をコントロールする力
【自信と自尊心】【期待と楽観性】

自分への自信と仲間への信頼感が高まり、情動のコントロールがうまくなっていきます。

自分の欲求を押しとどめ、ルールに従って遊ぶなど、感情のコントロールがうまくなってきます。

友達関係のなかで、さまざまな葛藤を体験しながら、自分への自信と仲間への親しみや信頼感を高めていきます。自信や自尊心も、「個人」に対するものだけではなく、「年長組さん」など、自分が所属するチームとしての広がりをもっていきます。園のリーダーとしての自尊感情が、小さなクラスの世話をすることやルールを守って園生活を送るなどのプライドある態度を支えます。

刺激

刺激

5歳児の社会性の発達

情動のコントロールを支える社会性
- 自分の経験や想像力から他者の感情を読み取れるようになってくる。
- 道徳の理解が徐々に進み、公共の場でのマナーを意識できるようになる。
- 友達の必要性を認識し、相手を認めたり許したりできるようになってくる。
- 自分よりも小さい子や高齢者に対する思いやりの心をもてるようになる。

佐々木'S EYE

5〜6歳児期の子どもたちは、これまでの経験を通して、自分なりに考え、納得して物事を判断できる基礎を培っています。保育者は、子どもたちがやる気満々でやりぬいていく姿とともに、情動をコントロールするために葛藤する姿を支え、励ますことも大切です。葛藤のなかにこそ、心の成長や発達のチャンスが隠れています。

仲間意識の高まり → 刺激

課題の達成に向かう力
【やる気（目標への情熱）】【がんばる力（忍耐力）】

仲間との関係が、課題や目標に向かう力を高めます。

　自分の要求だけではなく、友達の要求も理解できるようになり、けんかが起きても、大人に頼らず自分たちで解決しようとする姿が見られます。その結果、仲間のなかで新たな課題や目標が生まれ、それぞれの立場や役割に変化が見られるなど、集団としての機能が高まっていきます。

　仲間と共通の課題や目標を掲げて向かっていくことに興奮したり高揚感を感じたりするのもこの時期の特徴です。

支える →

さまざまな葛藤やトラブル → 刺激

第5章　やりぬく力

5歳児の言葉の発達
自分の思いを言葉で伝え、人の気持ちを聞く

- 納得できないことに反発したり、言葉をつかって調整したりする力が芽生える。
- 自分の意図が言葉で伝えきれず、仲間から批判されたり、悔しい思いを経験したりすることもある。こうした経験も思考力の基礎を育てる。
- 自分の気持ちをわかりやすく言葉で表現したり、相手の気持ちを聞いたりする力が育つ。

つながる

やりぬく力の事例と解説

3歳児 6月 ぶらんこで揺れる

3歳児期の子どもたちにとって、「情動をコントロールする力」として必要なのは、ネガティブな感情を抑制することとは限りません。では、なにが大切になってくるのでしょう？

事例

①3歳児のK子がぶらんこに腰掛け、小さく横に揺れている。彼女の隣では、同じ3歳児クラスの2人の女児が、互いに競うように力を込めてぶらんこをこいでいる。①顔を伏せ、自分の足元に目を落としているK子のまつ毛はぬれているように見える。5歳児クラスの保育者は、窓越しにそんなK子の様子を見ていたが、テラスに出た。

保育者は、ぶらんこから幾分離れた園舎の壁に背をもたせると、K子に起きたできごとを想像しながら、彼女の動きに合わせて身体を軽く左右に揺らした。

視界の縁に、②新しい人の気配に気付いたK子は顔を上げた。眉を寄せてにらむように保育者を見ていたが、保育者の動きに気付いたようで、首を左右に傾けながら、より誇張して身体を揺らすようになる。K子のぶらんこはユーラユーラとゆっくり揺れている。K子は顔を左右に傾けながらぶらんこの揺れに身体を預け、笑顔になった。保育者が彼女と同じ動きをしながら微笑み返すと、首の動きを止めたり、ときどき目を閉じては、その揺れ心地を味わっているような表情をする。

やがて、K子のぶらんこの揺れが大きくなってきた。保育者が、隣との接触を気にして視線を周りの状況に向けた。すると、③K子はピョンとぶらんこを降りて保育者のところへ駆けてきた。保育者の薬指と小指をギュッと握ると、「いっしょに行く」と言った。K子が来ると、他の2人も保育者の周りにやってきた。

非認知的能力のプチ解説

① 情動をコントロールする力

思うようにならない寂しさや不安感がその姿に表れています。まだ、情動がコントロールしきれない形でにじみ出ている様子です。

② 課題の達成に向かう力

自分に好意的な関心を寄せてくれている保育者の存在に気付き、保育者の動きにシンクロしながら自分の存在を表現しようとしています。

③ 課題の達成に向かう力

「いっしょに行く」と宣言して、不安な気持ちの解決に向かい始めています。

関連する「10の姿」

- 健康な心と体
- 自立心
- 協同性
- 言葉による伝え合い
- 豊かな感性と表現

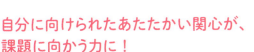

自分に向けられたあたたかい関心が、課題に向かう力に！

　最初は素朴な、小さな表現も、それを「表現」として認め、応じる保育者によって、子どもの思いを込めた表現は次第に勇気づけられ、少しずつ自分の思いが語られるようになっていきます。K子の事例からも、3歳児期に大切な情動のコントロールは、「抑制」だけとは限らないことがわかります。

　むしろ、この頃の子どもたちにとって、怖い・不安・悲しい・腹立たしいなどのネガティブな感情を表現してみることが大切です。そして、保育者の援助を得ながら、そのネガティブな感情を立て直したり、乗り越えたりする体験が重要です。その小さな感情の体験が「私は大丈夫」という自信につながっていくのです。

　さて、小さなその手で、保育者の薬指と小指を精一杯握りしめ、「いっしょに行く」と宣言したK子は、いかに課題の達成に向かっていったのでしょうか。次のページの事例は、この事例に続く話になっています。

子どもの素朴で小さな表現を認め、あたたかく応じる

　保育者が子どもとの間合いを見計らい、動きを合わせ、呼吸を合わせると、両者の時間がとけ合うように共有され、心地よい状態となります。すると、互いに相手の内面の世界へ関心が促されてきます。人は自分に対してあたたかい関心が寄せられていることがわかると、緊張した心がほどけてくるものです。

　K子の憂鬱（ゆううつ）な気持ちに心寄せる保育者の視線は、やがてK子が理解するところとなり、「いっしょに行く」とK子を協働へと向かわせていきました。

　このように、子どもは、自分なりの表現が受け止められ、共感されることによって、保育者への期待が生まれ、「いいことありそう」という楽観性に通じていきます。また、それと同時に「自分は大切にされる存在」であることにも気付き、自分を大切にしようとする自尊感情をもち始めるのです。「どうせ、私なんか」という寂しい気持ちでは、課題に向かって動き出すことなんてできませんよね。

第5章　やりぬく力

やりぬく力の事例と解説

3歳児 6月 ダンスパーティー

憂鬱（ゆううつ）な気持ちでぶらんこに乗っていたＫ子。彼女の心が保育者や５歳児とのあたたかい関わりのなかで、どのように変化していくのか見ていきましょう。

事例

ぶらんこから降りた3歳児3人（Ｋ子と女児2人。→p.64）と保育者が廊下に出ると、5歳児のＳ美がその姿を見つけた。
「あっ。先生」。Ｓ美とＡ菜は保育者たちのところへ滑るような早歩きをしてきた。「王子、もうダンスパーティーの準備はとっくにできていますのよ」。Ａ菜が保育者をとがめるように言うと、Ｋ子は保育者の指を強く握りしめた。保育者が3歳児たちを気にかけるように視線を下ろすと、Ｓ美は、「きょうは、年に一度の大パーティーですの。国中の人が集まりますのよ」とＫ子たち3歳児にも参加を促すように誘った。
「それは楽しみです。私どもも、ぜひ」と保育者が言うと、恭しくお辞儀をした2人の5歳児は、クルッとレースのスカートをひるがえし、3歳児と保育者を遊戯室へと案内した。
保育者は、Ｋ子の手を自分の手のひらの上に軽く載せ、エスコートして遊戯室に入っていった。遊戯室にはすでに音楽が鳴り、舞踏会の衣装のスカートやショールで着飾った女児たち十数名が座って待っていた。入るなり、いつものように5歳児の女児たちは、順に保育者の手を取って踊り始める。
①Ｋ子たちも5歳児たちの列に入って、王子（保育者）と踊る順番を待っている。王子が着飾った年長組の姫を差し上げて回すところで、一層大きな歓声をあげている。姫がお辞儀をするところは、同じようにシャツの裾をつまんで腰を折り、ほほえみを送っている。
次第にＫ子たちの順番が近づいてきた。Ｋ子と仲間は手をつなぎ、②ぴょんぴょん跳びながら待っている。Ｋ子の番がきた。彼女はペコリとお辞儀すると、ワッと保育者に飛び付いてきた。持ち上げて回されることを期待しているようで、脚を折って上体をそらし、口元から笑みがこぼれている。保育者はＫ子を高く差し上げる。
③Ｋ子は力一杯広げた両手をグンと天井に伸ばし、クルクル回っている。

非認知的能力のプチ解説

1 課題の達成に向かう力

5歳児たちと同じようにダンスを踊るという目標をもって、忍耐強く自分の順番を待っています。

2 情動をコントロールする力

【期待と楽観性】次第に自分の踊る順番が近づいてきていることがわかると、期待してぴょんぴょん跳びながら、はやる気持ちを表現しています。

3 情動をコントロールする力

【自信と自尊心】5歳児の表現をまねて両手を伸ばし、保育者に体を預け、回してもらっています。すでに姫らしい表現を知っていて、自分がそう表現していることの自信がみなぎっています。

関連する「10の姿」

- 健康な心と体
- 自立心
- 協同性
- 豊かな感性と表現

事例の読み取り

ちょっと先に行く先輩は「やり方」のヒントになる

　K子は、5歳児やその担任保育者の、自分に対するあたたかい関心に後押しされて、少しずつ活動的になっていきました。

　「5歳児たちと同じようにダンスを踊りたい」という目標は、忍耐強く自分の順番を待つ姿になっています。また、一方で、待っている間に見る5歳児たちの踊りやその仕草が、K子たちの動きのモデルになっていることもわかります。子どもたちはやり方がわかってこそ、自信をもって挑戦することもできますし、工夫しながらやりぬくこともできるのです。いくら「がんばって」と声援を送っても、やり方がわからないのではがんばりようがありません。

保育者の関わり

子どもの反応を確認しながら、信頼に応える

　保育者は、体を預けるK子の身体反応から、K子の心情の変化や堅さがほどけて、これから自分なりの創造的な表現が表れてくることを察知しています。

　保育は身体を通して子どもとコミュニケーションする専門性の高い仕事です。K子の信頼に応えて、彼女が怖がらない程度の高さで、しかし、彼女が憧れる5歳児と同じような構成の踊りでエスコートしています。両手を伸ばしたK子の、「私は表現している」という自信がみなぎるように、ていねいにリフトをしました。

第5章　やりぬく力

やりぬく力の事例と解説

4歳児 11月 「こうやってよけたらいいんよ」

転がしドッジボールのなかで見える、やりぬく力の育ち。
この事例では、認知的能力も大きく関係していることに注目です。

事例

約束の10時30分になると、4歳児クラスの子どもたちは、全員園庭に出てきた。園庭には、転がしドッジボールのための大きな円が描かれている。

①②子どもたちは、「きょうは最後まで残って優勝する」「こうやってよけたらいいんよ」などと、口々に話し、その姿からは意気込みが感じられる。①朝からやっていた"特訓"での自信が、逃げ方の工夫や場の使い方・視線のやり方などの具体的な動きを語る言葉に表れている。

男子チーム対保育者チームの対戦からゲームが始まった。女子チームは近くのやぐらの上から男子チームを応援する。オリンピック競技の影響を受け、男子・女子・男女混合などの対戦ルールが子どもたちの間ではやっているのだ。

きょうのゲームは、子どもたちのリクエストで、保育者と園長が外野からボールを転がし、子どもたちを狙い打ちにすることになっていた。まず、保育者がボールを持つと、投げようとする保育者の前を分けるように、左右に子どもたちは後ずさった。保育者と園長を結ぶボールの軌跡を読んでいるような動きだ。

男女混合の決勝戦になった。②L太は、保育者と園長から一番遠い所におり、その動きを注意して見ている。ボールの軌跡を考え、円という形の特徴を生かす最小限の動きでいい所を陣取っている。自分の後ろに回り込まれる以外は当たらないということがわかっているようだ。やぐらの上からゲームの様子を見たときに、円形を俯瞰的に捉え、戦術に取り入れたのだろう。①L太は逃げ続け、終盤まで残った。

非認知的能力のプチ解説

① 課題の達成に向かう力

"特訓"と称し、自ら取り組んでいることが、まさに「やる気」を表しています。ボールから素早く逃げるなどの動きは、すぐには身につきませんから、粘り強く試行錯誤していきます。成功体験が、自信となり、より高度なスキルを磨いていきます。特に、最後まで逃げ通してがんばる姿が仲間の称賛を得た体験は、次の目標への強い動機づけになります。

② 情動をコントロールする力

冷静に保育者の位置や動きを観察する姿に、「自分はできるはず」と言う自尊心が感じられます。最小限の動きで効果的な逃げ方ができるというスキルも、本番でも落ち着いて状況を把握しようとする気持ちがあって発揮できるものです。

関連する「10の姿」
- 健康な心と体
- 協同性
- 思考力の芽生え
- 数量や図形、標識や文字などへの関心・感覚

事例の読み取り

終盤まで残ったL太の育ち

　11月に入り、クラスで転がしドッジボールをするようになりました。はじめは、L太を含む多くの子どもたちが、ボールに背を向けて逃げていたのですが、何度も繰り返していくなかで、ボールの転がってくる方向に気付き、前もってその軌跡をイメージして避けるようになっていきました。そして、自分の後ろに転がっていったボールが、その後、もう一人の保育者によって投げ返されることがわかり、それに合わせた身のこなしができるようにもなってきました。

　転がしドッジボールというゲームの仕組みを理解することによって、なお一層、面白さが増し、遊びに集中力を傾けるようになっていったのです。

　L太が、ゲームの終盤まで残ることができたのは、円形を俯瞰的に捉える経験が生かせたのだと思います。

　クラス全体で転がしドッジボールをするときには、男女別に行っていたので、L太は待っている間、近くにあるやぐらの上で応援していました。離れた少し高い位置からゲームの状態を見下ろして全体を確認することで、二人の保育者をつなぐ直線上を転がるボールの軌跡や、円形の陣地の中での子どもの動きを図として理解したのでしょう。円という形の特徴をイメージし、空間の中での自分の位置を把握するという、ものの相対的な位置を認識する力を、遊びのなかで獲得している様子が見て取れます。

　最後まで当てられないで逃げ続けるという「やりぬく力」は、このような認知的能力とも関係して身についていくことがわかりますね。

保育者の関わり

世の中の話題や子どもの関心事に敏感でいよう

　保育者は、単に子どもとドッジボールをするにとどまらず、保育の計画や遊びの展開の過程で子どもたちの学びを見通していくことも大切です。

　この事例の場合、オリンピック競技などの観戦経験などもあり、競い合ったり、勝利を勝ち取ったりすることへの関心が強い動機づけになっています。保育者は、このような子どもを取り巻く社会のトピックスや子どもの発達による関心事の変化にも敏感でいる必要があります。

第5章 やりぬく力

やりぬく力の事例と解説

5歳児 6月 飛べないアゲハ

次の事例は、かけがえのない小さな生命に関わって展開された、努力の結果と、それを受け入れて前に向かっていこうとする仲間たちのエピソードです。

事例

①T明はアゲハチョウのさなぎの抜殻を見つけて以来、羽化の様子を見たいと思うようになった。園庭のハッサクの木でアゲハチョウの幼虫を見つけたT明はとても喜び、よく見える物の中に入れて飼おうと考えた。狭い所ではかわいそうだと言う友達に、「チョウになったら逃がしてあげるから」と言い、飼育ケースで飼い始めた。

この日から彼は、飼育ケースの中を観察することを毎朝の登園時に楽しみにしていた。ところが、早朝、子どもたちの登園の前にかえったアゲハチョウの片側の羽は、痛々しく折れていた。保育者（私）は、この事実をどう説明しようかと迷っていた。やがて登園してきた子どもたちは、チョウの羽化を喜び、そして羽の様子に気付いていった。②T明も同様であったが、次第に表情が暗くなり、不幸なできごとの原因を探し始めた。「木の枝が引っかかったんだろうか。狭かったし…」と静かに考え込んでいた。皆もT明の表情が気になるらしい。

②K菜が、「逃がしてあげようよ」と言った。「飛べないのに、捕まって食べられてしまう」と、Y太が反論する。解放派と保護派に別れてやりとりした結果、クラスで飼うことにした。「自分が捕ってきてなったことだから、できるだけのことはしたい」と言うT明の意見に皆が納得したのだ。③それから、それぞれが、図鑑を見たりビデオを見たりして、飼育方法について調べた。自分が蜜を吸った経験のあるサルビアの花を摘んできて入れる子もいた。T明と保育者は、ハッサクの枝を入れた大きめの飼育ケースを持って来て、アゲハチョウを移しかえた。「鱗粉（りんぷん）を落としてはいけないよ」とM美に教えられて、入れ物ごと新しいケースに入れる慎重さであった。摘んできた花には反応しなかったチョウも、砂糖水には口を伸ばしてきた。砂糖水を浸した綿棒を保育者から受け取った子どもたちは、代わるがわるチョウの前に差し出した。口を伸ばして飲んでくれたときはうれしくて、「いっぱい飲んで、元気になってよ」などと語りかけた。が、それから4日目の朝、チョウは死んでいた。中庭のハッサクの木の下にお墓をつくった。「魂になったら、飛べるよな。先生」とT明が言った。

非認知的能力のプチ解説

① 課題の達成に向かう力

【やる気】情熱をもって、幼虫を探し続けています。

② 情動をコントロールする力

予想外のアクシデントでチョウの羽を傷めてしまったことへの後悔と責任感を感じつつも、仲間と意見を出し合いながらよりポジティブな方法を求めています。

③ 課題の達成に向かう力

【がんばる力】知恵や情報をかき集めて、忍耐強く、傷ついたチョウの生命を支え続けています。

関連する「10の姿」

- 自立心
- 協同性
- 道徳性・規範意識の芽生え
- 社会生活との関わり
- 思考力の芽生え
- 自然との関わり・生命尊重
- 数量や図形、標識や文字などへの関心・感覚
- 言葉による伝え合い

事例の読み取り

「死」を受け入れ、乗り越えることは究極の非認知的能力

　子どもたちは生き物との関わりのなかで、いきいきとした生態を学ぶことができます。ハッサクの木に集まるアゲハチョウ、葉に産みつけられた卵、幼虫の誕生や変態、アゲハチョウの飛翔。子どもたちはこの生命と触れ合うなかで、生死という哲学的な問題の一端にも触れていきます。

　好奇心の高まりから、アゲハチョウに関わりをもったT明と私たちは、チョウの一生に重大な影響を与えてしまいました。羽の折れたチョウを囲んで、それぞれの意見を交えたのですが、羽の折れたチョウの未来にとって最善の方法は決められませんでした。保育者の私も、何が最善かはわかりませんでした。

　子どもたちの精一杯の関わりは4日続きましたが、ついにチョウの死は訪れました。人間の力を超えたものの存在に出会い、それを受け入れました。いずれ、この「死」は自分にも訪れることを知り、自分も限りのある自然の一部であるということを受け入れる時が来るはずです。

保育者の関わり

失敗や挫折が「やりぬく力」を育てる

　成功体験は、やりぬく力を発揮させる自信ややる気につながります。一方で、失敗や挫折の体験も、慎重に課題に向かっていこうとする態度や困難に負けないで情動をコントロールしようとするタフな意欲につながる大切な体験です。

　年齢が小さい場合は「ハッピーエンド」で活動が完結するように配慮しますが、5・6歳になると、あえて、思い通りにならないことや、精一杯がんばったけれどもうまくはいかなかった体験も大切なものです。もちろん、小さい頃の成功体験や「ハッピーエンド」への期待があってこそですが、結果は思うようにいかなかったけれど、その努力の過程を仲間や保育者と分かち合い、認め合うことが大切なポイントとなってきます。

　この事例では、保育者は、痛ましいこのできごとが、T明や子どもたちにとって意味のある体験になるようにと願って、チョウの生死に関わり続けられる、「保護」の立場の態度を支持しました。そして、「自分が捕ってきてなったことだから、できるだけのことはしたい」と言うT明の意見に、皆は納得しました。この意見も、羽の折れたチョウにとって最善の方法であるというよりも、自分なりの責任のとりかたを述べたものであったと言うべきでしょう。しかし、それ以上に誠意のある関わりは、見つかりませんでした。

　これらが、人間本位で利己的な考えであったのではないかという問題意識は残りますが、私はこの事例を経験し、自分とその他の生き物との関係や人間の存在について問う態度のもとは、生き物と誠実に関わる経験のなかにあると確信しました。

第5章 やりぬく力

やりぬく力の事例と解説

5歳児 9月 「プロペラの飛行機」

園の生活は、日々の連続で展開していきます。しかし、遊びが偶発的にもたらされることもあります。このようなときこそ、保育者のカリキュラム・マネジメントが重要です。

事例

登園してくるなりＳ也は、「先生、きのうの『鳥人間コンテスト』のテレビ見た？」と、興奮した様子で保育者（私）に話しかけてきた。「ぼくも見たよ。すごい人力飛行機が出てきてたよな」と私が言うと、Ｓ也は、「オッケイ。ぼくも、きょう、それ作るから」と、そそくさと持ち物の整理をすませて、材料倉庫に駆けていった。

「先生、なんか、ないかなあ。軽くて、ばきっと割れなくて、丁度いいやつ」。Ｓ也は保育室に帰ってきて、私にそう尋ねる。「うーん。君が作りたいのはどんな飛行機なの？」と私が聞くと、「そりゃ、ぼくが乗れるやつだけど…」とＳ也は少し思案している表情になる。すると、傍にいたＡ吾が、「乗れるやつは無理だから、小さい模型ってことだろう」と言葉をつなぐ。

①「オッケイ。そういうことよ。Ａ吾ちゃんもチームに入るか、ぼくらの？」とＳ也はＡ吾や私を見回して言った。私たちは一瞬でチームスタッフにされてしまった。

「先生は、さっき言った材料の準備を頼む。ぼくとＡ吾ちゃんは設計図を描くぞ」「おう」。Ａ吾は裏の白い広告紙を、私はインターネットでグライダーの設計図を見つけ、プリントアウトした後、使えそうな材料を集めに走った。

非認知的能力のプチ解説

1 課題の達成に向かう力

本当に飛ぶ飛行機を作りたいという情熱が、まさに強い動機づけとなって行動や言葉に表れています。

2 情動をコントロールする力

根気強く、一つひとつの作業に取り組み、強度確認を進めています。設計図を元に作業を進める姿は、より客観的でかつ論理性があるものを科学的な根拠と見なしていることもわかります。

つまり、情動をコントロールし、期待をもつには、自分たちなりにやっていることを評価する科学的なものの存在を必要としているのです。

3歳児の頃の根拠のない自信が、根拠ある自信に変化してきていることもよくわかります。

チームに入るか？

その後、②部品を組み立てたり、接着剤を乾かしながら細部にわたって強度を確かめたりと、設計図に沿って作業工程は進んでいった。関心をもって製作に参加してくる仲間が増えた。自分たちの飛行機ができつつあることが誇らしく、小さい組の子どもたちを誘い、見学ツアーを企画したりして、テレビなどから仕入れた飛行機づくりのうんちくを披露したりもした。

　③3日かけて本体が仕上がると、S也とY介は、「やっぱりプロペラはいるだろう。先生しかおらん。この仕事ができる人は」と私の手を握って重々しく言った。「土日に探してくるけれど、もし、なかったときのことも考えておいてくれたまえ」と私も重々しく言って、二人の手を握り返した。

　月曜日の朝一番、私の用意したプロペラとゴムを見つけたA吾は興奮気味に「これで、いける」と言う。次々と登園してくる子どもたちはA吾にプロペラを見せられ、私の手を握りに来た。

　やがて、プロペラ付きの飛行機は完成した。④飛ばしてみると前のめりに墜落した。「羽（主翼）がちゃんとしてないんだ。もっと前だろう」とか「風を計算するんだ」とか「もっと高いところから飛ばすんだ」など、代わるがわる飛ばしながら機体を微調整し、飛ばし方や場所を工夫したりしていった。やがて、飛行機は20メートルほどまで飛行距離を伸ばした。

非認知的能力のプチ解説

③ 情動をコントロールする力

必ずできるという自信を仲間と高め合いながらも、保育者の大人としての知見や経済力を見込んでプロペラの購入を依頼するなど期待と人材活用の力を発揮しています。

④ 課題に向かう力

本当に飛ぶ飛行機を作るという目標に向かって、根気強く試行錯誤したり、飛ばしてみてうまくいかなかった原因を究明して、さらに忍耐強く試行錯誤を繰り返しています。

第5章　やりぬく力

関連する「10の姿」

- 協同性
- 思考力の芽生え
- 社会生活との関わり
- 数量や図形、標識や文字などへの関心・感覚
- 言葉による伝え合い
- 自然との関わり・生命尊重

事例の読み取り

突然、園にもち込まれた遊びの展開

　この事例は、S也がもち込んできた「飛ばせる飛行機」というテーマと、その製作のためのプロセスを自分たちでやってみるという試みへの好奇心の種子が、これまで彼らが培ってきた「人間を理解し関係を調整する力」の土壌に芽を出し、「やりぬく力」を存分に発揮したものになったのです。

　園の生活は、きのうからきょう、きょうからあしたへと、遊びや生活が連続して展開していきます。ところが、この事例のように、社会のできごとや家庭でのできごと・体験などが子どもによって、突然園にもたらされることも少なくありません。

　S也は休日に見たテレビ番組の印象を強くもち、「自分も飛行機を作ってみたい」という強い願望と、それを可能にできるかもしれない情報を園にもち込んできたのです。

　この一種、偶発的なS也の行為は、周りの子どもたちの興味をかき立てていきました。連続する園での遊びに、このような偶発的な事柄が飛び込んでくることは、生活を刷新したりアクセントになったりするだけではなく、これまでに構築してきた知識や技能、人間関係の調整力などの力が連携し合いながら総合的に働くというところでも興味深いものです。

　こんな時こそ、保育者のカリキュラム・マネジメント能力が試されます。

保育者の関わり

子どもの考えを引き出す言葉かけで理解を深める

　「ぼくも見たよ。すごい人力飛行機が出てきてたよな」。子どもの興味や関心を探る言葉かけです。この言葉で、S也は何に感動したのか理解しようと考え、私の感動した「鳥のように人力で飛ぶ」ことを示してみました。

　また、「うーん。君が作りたいのはどんな飛行機なの？」。この言葉かけで、私は、S也の考えている「鳥人間」なるものを理解するとともに、彼の考えを整理しながら、援助する意志があることを伝えています。遊びの仲間となって楽しんだり、遊びに必要な素材を提供したり、提案やヒントなどを投げかけたりといった援助です。

　例えば、インターネットでグライダーの設計図を見つけ、プリントアウトした後、使えそうな材料を集めました。

　ITを活用して5歳児たちが納得できる情報を提供し、日頃は子どもたちの身近に置いていないような必要資材を調達しました。S也の求める軽量かつ強度のある骨組みに使えるようなものは園芸倉庫にありました。

　こうした関わりは、子どもたちに遊びへの思いを保障し、協働する体験を保障する、科学や新しい知識に迫るための保育者の協働と言えます。

指導計画を見てみよう！

このときの指導計画　5歳児 **月案**（9月）

参考：「役立つ！ 書ける！ 5歳児の指導計画」（チャイルド本社）

ねらい	●友達と考えを出し合い、イメージを共有し、試行錯誤しながら共に生活する喜びを味わう。 ●戸外で十分に身体を動かして遊ぶ。
内容	●友達と思いや考えを出し合って遊びを進めていく。 ・思いや夏休みの経験を友達や保育者に話し、相手の話も聞きながら、遊びに取り入れようとする。 ・共通の課題に向かい友達や保育者と試行錯誤し、ルールをつくったり、役割を決めたりする。 ・保育者と遊びや活動の場を整えたり片付けたりしながら、目的に応じた場の使い方などを考える。 ・友達や他の学級の子を誘い、遊びが面白くなるのに必要な人数や役割を考えて一緒に遊ぶ。
援助のポイント・環境構成の留意点	●友達と思いや考えを出し合って、試行錯誤しながら遊びを進めていく姿を励ましていく。 ・友達の考えや協力があると、遊びがより楽しくなっていくという気付きに共感しながら、相手に自分の思いや考えを表現しようとする意欲を励ましていく。 ・子どもが気付いたりつくったりしたルールや役割については実際に遊びのなかで試す過程に付き合いながら、その必要感を一緒に確認していく。ルールや役割をめぐってのトラブルや口論の場面では、それぞれの意図と起こった結果がみえやすくなるように、周囲の友達と一緒に十分に話を聞くようにすると共に、それぞれの意図にその人らしさを見つけていく。 ・必要な用具や遊具材料などを子どもと一緒に準備したり確認したりしながら、子どもがわかりやすく準備や片付けがしやすい環境に整理していく。 ・子どもの思いに応えつつ、指導計画の観点を加味する。

第5章 やりぬく力

指導計画の考え方

子どもの思いに応えながら、指導計画の観点もプラス！

この事例での、保育者の基本的な構えとしては、テレビの人力飛行機を見たS也の驚きや憧れ、飛行機の仕組みや製作方法などへの探究心をできるだけ支援していこうというものですが、これに9月の指導計画のねらいの観点も加味していくようにしました。

そして、この「ねらい」を達成するために、「援助のポイント・環境構成の留意点」としてシミュレーションしていることが上記の内容になります。

もともと当園では、月の指導計画（月案）という中期の計画のなかでは、大きな行事など以外では具体的な活動を想定していません。つまり、心情や意欲や態度などの発達の姿を指導内容としてあげ、援助や環境構成の大まかなポイントとイメージを描くことで、子どもや保護者が園にもち込んできたり、自然や社会などの環境的変化やニュース性をいかんなく反映できる融通性に富んだものにしようという意図が根っこにあるという訳です。

この事例の場合も、ただ子どもの思いを受けて製作を行うだけでなく、風などの戸外の自然的要因との絡みや試行錯誤の場面での役割やルールの必要感、表現の意図と結果についての客観視など、指導計画で見通しておいた発達の課題と併せての援助を行っていることがおわかりになるはずです。

 佐々木先生のつぶやき

体力、器用さや巧緻性も「やりぬく力」を支える重要な力

　事例のドッジボール（→p.68）のように、競い合って遊ぶなかでは、さまざまな非認知的能力が発揮されます。好奇心や探究心、仲間と勝利をつかんだ時の感動は、「気付く力」をより鋭敏にしてくれます。目標への情熱をもって仲間と忍耐強くがんばる体験や、期待をもって取り組み、その自信をもって本番に挑み「やりぬく力」は、たくましくもあります。もちろん、仲間や相手との駆け引きを通して「人間を理解し関係を調整する力」はフル稼働し、自分や仲間、そして人間という存在のすばらしさを実感することでしょう。

　ここで忘れてはならないのが、ドッジボールの"特訓"を続ける体力です。やる気と体力は、深い関係があります。「やりぬく力」が発揮できていない子どもを理解するとき、私たち保育者は、いくつかの分析の視点をもって子どもの姿を見る必要があります。例えば、ドッジボール自体に魅力が感じられないのか？　魅力は感じるのだが、思うように体が動かないのか？　ボールの動きが目で追えているか？　ルールはわかっているのか？…などなど、その子が楽しめない理由を知ることが大切です。それを理解してあげることで、スキルアップの方法は見つかるものです。

　つまり、体力や器用さや手指の巧緻性も、やりぬく力を支える非認知的能力と言えるでしょう。

　さらに、このような非認知的能力は認知的な能力の発達とも深い関連性をもっていることも見逃せません。例えば、3歳児クラスの始まりの時期に転がしドッジボールなんてしようものなら大変です。保育者がボールを持った途端、「私にちょうだいな」と3歳児たちが殺到してしまうでしょう。まさか、大好きな保育者が、「この私を狙ってボールを当てるなんて」そんな不幸は信じられないかもしれません。「そういう遊びのルール」を受け入れられるようになって楽しめる遊びなのです。逆に、5歳児クラスにもなると、内野と外野に分かれて、作戦を考え、組織的に戦うことがゲームの楽しさとなります。これも「当てられると、外野に出る」また、「相手に当てると、内野に復帰できる」という複雑なルールの理解も認知的な能力の発達があってのことです。遊びってなかなか深いですね。

第 **6** 章

3・4・5歳児の非認知的能力 その **3**

人間を理解し関係を調整する力

非認知的能力の3つの柱を1つずつご紹介します。
3つ目は、「人間を理解し関係を調整する力」。
各年齢の発達をおさえたあと、事例を読んでみましょう。
さまざまな個性をもった子どもたちが集まる園で、「人間を理解し関係を調整する力」が
どのような場面で現れてくるか、確認していきましょう。

人間を理解し関係を調整する力の発達

3歳児

大人との関係が中心の生活から、他の子どもとの関係が重要になり始める時期。関わりのなかで、少しずつ友達と分け合ったり、順番を守って遊んだりできるようになっていきます。

● 3歳児の発達

| 大人との関係を中心に生活する | 一人の独立した存在として行動する | 他の子どもとの関係が重要になる |

保育者を頼りに過ごす。

自我がよりはっきりする。

仲間と過ごす喜びを味わう。

佐々木's EYE

　少しずつ、友達との関係が深まっていきます。でも、この段階では、子ども自身は友達と遊んだつもりになっていても、実際にはまだ平行遊びが多いのも特徴です。友達と十分に絡んだ遊びとまではいかなくても、仲間といっしょにいて、その行動を観察したり、模倣したりする喜びを味わうことは、社会性の発達を促し、より豊かな人間理解へとつながっていきます。

　また、注意力や観察力はますます伸びて、身の回りの大人の行動や日常生活で経験していることなどを取り入れてごっこ遊びのなかに再現するので、これまでのごっこ遊びより組織的になってきます。ままごとや病院ごっこ、ネコごっこなどのごっこ遊びもよく見られますよね。

　遊びの内容にも象徴機能や創造力を発揮した発展性が見られるようになり、遊びが少し長い時間持続するようになってきます。

　さらに、この時期には、すすんで家族や保育者など、大人の手伝いをするようになり、人の役に立つことに誇りや喜びを抱くようになるのも特徴です。

> 3歳児の **大切な経験**

※「人間を理解し関係を調整する力（21項目）」(→p.26) から、3歳児期に特に大切な経験をピックアップ。これらの経験が十分にできるよう援助していきましょう。

異質なものとの出会い

①自分の思うようにならないことを体験する。
②必要なときに、人に助けを求める。
③他者が「いや」という行為や事柄に関心をもつ。
④自分がされて嫌なことには、そのことを態度や言葉で表現する。

異質なものへの興味や関心

⑦他者の行為や言葉に関心をもつ。
⑧他者の思い入れや思い入れのあるものに気付く。

他者との交流

⑫友達の遊びや活動に入ったり、友達を誘ったり、受け入れたりする。
⑬活動や遊びのなかで、やりたいことをしたり、なりたい自分を表現したりする。

関係性をつくる

⑱友達や他者に共感したり、応援したり、励ましたりする。

第6章　人間を理解し関係を調整する力

人間を理解し関係を調整する力の発達

4歳児

友達との関係が深まるなかで、葛藤を経験するのがこの時期の特徴です。このような時期に、どんな経験が重要かを確認していきましょう。

● 4歳児の発達

友達との交流が活発になる → 友達と目的をもって行動する。

葛藤を経験する → 思い通りにならない経験をする。

情緒が豊かになる → 自分の気持ちを抑え、他者を気遣う。

友達とのよい関係をつくる → 友達と関係を深めていく。

佐々木'S EYE

　目的を考えて行動するようになるので、友達との関係のなかで自分の思ったようにいかないのではないかと不安が生じたり、トラブルになったりするなど、葛藤を体験するのがこの時期の特徴です。このような心の動きを保育者が十分に察して、共感し、励ますことによって、子どもは、保育者にしてもらったような方法で、他者の心や立場を気遣う感受性をもつことができるようになります。
　他者にも心のあることを実感し、身近な人の気持ちがわかるようになり、情緒は一段と豊かになっていきます。他者との交流が活発になるこの時期には、生活や遊びのなかで、他者との交流が促されるような経験が十分にできるよう援助しましょう。
　また、次第に仲間といることの喜びや楽しさが感じられるようになりますが、仲間とのつながりが強まると、競争心もうまれて、自己主張やけんかも多くなります。この頃になると、仲間のなかでは、不快なことに直面しても、少しずつ自分で自分の気持ちを抑えることや、我慢もできるようになってきますが、保育者は見守りながら、必要に応じて仲立ち役になるなどしていくとよいでしょう。

| 4歳児の *大切な経験* | ※「人間を理解し関係を調整する力（21項目）」（→p.26）から、4歳児期に特に大切な経験をピックアップ。これらの経験が十分にできるよう援助していきましょう。|

異質なものとの出会い

⑤嫌なことを受け流したり、距離を置いて付き合ったりする。

異質なものへの興味や関心

⑧他者の思い入れや思い入れのあるものに気付く。
⑨他者の言い分に真剣に耳を傾けて聞く。

他者との交流

⑭イメージを共有したり、役割分担をしようとしたりする。
⑮自分の気持ちや行動、他者からの評価などの変化に気付いたり関心をもったりする。

関係性をつくる

⑱友達や他者に共感したり応援したり励ましたりする。
⑲仲間のトラブルに介入したり、関係を調整したりする。

第6章 人間を理解し関係を調整する力

人間を理解し関係を調整する力の発達

5歳児

園の最年長クラスという立場が、5歳児たちを内面的にも一段と成長させます。この頃になると、より一層、仲間の存在が重要になります。集団生活のなかで必要な力が培われるよう、援助していきましょう。

● 5歳児の発達

園のリーダーという自覚 / 人の役に立つうれしさを感じる。
トラブルを自分で解決 / 相手を許す。 / 相手を認める。
内面的にも一段と成長する。
さらに重要になる友達との関係 / 役割を分担する。 / イメージを共有する。
仲間の一人としての自覚や自信 / 言葉で伝え合う。

佐々木's EYE

　大人が言うからではなくて、自分なりに考え、納得のいく理由で物事を判断する基礎が培われてくるのがこの時期の特徴です。行動を起こす前に考えることもできるようになり、批判する力も芽生え、不当に思うことを言葉で表すようになります。

　次第に園のリーダーとしての活動や手伝いなど、明確な目的をもって行うことが増えます。しかも、その結果についても考えが及ぶようになります。本当は好きではないことでも、少し我慢して行うなど、人の役に立つことがうれしく、誇らしく感じられるようにもなってきます。

　この頃は、仲間の存在が一段と重要です。同じ目的に向かって数人がまとまって活動するようになり、きまりを守ることの必要性などがわかってきます。このような集団生活のなかでは、言葉によるやり取りが重要な役割を果たします。自分の思いを表現し、他者の言うことを聞く力を身につけていきます。

　ぶつかり合いが起きても、自分たちで解決しようとするようになります。関係を修復したり改善したりするための能力も発揮できるようになってきます。

5歳児の大切な経験

※「人間を理解し関係を調整する力（21項目）」(→p.26)から、5歳児期に特に大切な経験をピックアップ。これらの経験が十分にできるよう援助していきましょう。

異質なものとの出会い

⑥自分と異なる行動や意見に対して考えるゆとりをもつ。

異質なものへの興味や関心

⑩感情を込めた言葉や論理的な言葉で伝えたり説明したりする。
⑪他者の行為の意味について想像力を働かせる。

他者との交流

⑯自分や他者の良さに気付いたり、それを生かしたりする。
⑰自分と違うところをもつ人に憧れる。

関係性をつくる

⑳緊張した場面をユーモアで和ませたり解決したりする。
㉑問題に対して創造的に解決しようとする。

第6章 人間を理解し関係を調整する力

人間を理解し関係を調整する力の事例と解説

ぼくのおばけのおうち

3歳児 4月

「自分だけのもの」って、うれしいですね。でも、友達との関わりのなかで、それを手放したとき、もっとよいことがあることに気付いていきます。これは、そんな事例です。

事例

段ボール箱に入ったＢ介は、保育者が前を通る度に「ゆうー、うー」と両手をゆらゆらさせて立ち上がる。保育者は「びっくりした！　こわい。逃げよう」と、その度に驚いたり怖がったりして小走りに逃げていく。Ｂ介はその様子をけらけら笑いながらうれしそうに見ている。

そこへＤ貴がやってきた。①「ぼくもしたい」と段ボール箱に足を入れかけたＤ貴を、「ぼくのおばけのおうちに、入っちゃだめ」とＢ介が押し出そうとする。バランスを崩して転びそうになったＤ貴を抱えた保育者は、「Ｂ介ちゃん、押したら危ないよ。お友達もいっしょに入れてあげてよ」と言うが、Ｂ介は首を振る。「Ｄ貴くん、Ｂ介ちゃんに『入れて』って言った？　あれ、まだ言ってなかったの？」とＤ貴の背中をさすりながら尋ねるが、①相手をにらみつけている。「じゃあ、これと同じ箱を持ってきてあげようか」と聞くが、Ｄ貴は「いやだ」と言う。

②「Ｂ介ちゃんのいじわる。ぼくも入るんだ」とＤ貴は強引に両足を入れて段ボール箱に入ろうとした。①「やめてよ。もう」とＢ介は押し出そうとするが、Ｄ貴は押し出されないように箱の底に深く座ろうとした。と、その瞬間、段ボール箱は裂けてしまった。Ｂ介は勢いよく転がり出た。一瞬の沈黙の後、③「いててて。転んじゃった」とＢ介が笑った。すると、きょとんと座っていた③Ｄ貴も同じように転がって、「いててて。転んじゃった」と笑った。保育者もいっしょになって笑った。

④「おもしろい。もう一回やろう。Ｄ貴くん」とＢ介が誘うと、Ｄ貴もうれしそうに箱に入る。「先生、箱を直して」と言う2人に応じて、保育者が裂けて倒れたところを立て直すと、④2人は「バーン」とそれを倒して飛び出してきた。「おお、こわ。おお、こわ」と保育者が逃げるようにその場を離れると、2人はキャッキャと笑っている。

その後、Ｂ介とＤ貴は裂けた段ボール箱を組み立てた中に隠れていて、保育者が前を通る度に転がり出て、驚かすようになった。なにやら小声で話をしている様子であるが、保育者が近づいてくる気配を感じると息をひそめて待っている。この遊びは翌日も、その翌日も続いた。

非認知的能力のプチ解説

① 異質なものとの出会い

Ｂ介にとって、Ｄ貴は異質な、自分を脅かす存在で、自分がされて嫌なことを態度や言葉で表現する体験をしています。逆に、Ｄ貴は、他者が「いや」と言う行為や事柄に関心をもつきっかけを体験しています。

② 異質なものへの興味や関心

アタックを続けるＤ貴は、段ボール箱にＢ介の思い入れがあることに気付くきっかけを得ています。

③ 関係性をつくる

思わぬアクシデントから生まれた笑いが共鳴し、ユーモラスな表現で緊張感が解けました。そして、2人はやりとりのおもしろさに共感しながら1つの箱を共有する関係をつくりました。

④ 他者との交流

思わず笑いが起こったことをきっかけに、交流が生まれました。

関連する「10の姿」

- 健康な心と体
- 自立心　　協同性
- 道徳性・規範意識の芽生え
- 豊かな感性と表現

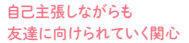

自己主張しながらも友達に向けられていく関心

　この事例でも、すでに3歳児のなかに「ぼく・わたし」という自我が発生していることがわかります。

　遊びのなかでB介は、おばけになって振る舞いながら保育者と応答して、さまざまな自己の側面を表現し、それを眺めて楽しんでいるようです。そもそも、自我というのは自尊心でもありエゴでもあります。自己を主張したい、守りたい、否定されたくないという気持ちが強くあるのです。

　しかし、他者にも自我があります。「ぼくもしたい」と段ボール箱に侵入しようとするD貴がまさにそれです。自我というものは他者との関係でしか成立しません。つまり、人とのつながりのなかでしか「ぼく・わたし」というものはあり得ないのです。

　子どもは、他者と関わり合う生活を通し、自我が芽生え、他者の存在に気付き、その存在を意識するようになります。しかしながら、「ぼく・わたし」と「きみ・あなた」の両者が共に存在し、関わり合いながら「快の感情」を共有することは、なかなか容易なことではありません。

　段ボール箱を見つけて、自分だけのものにしたB介は幸福でした。ところが、D貴の登場で、箱を占有していたB介の幸福は脅かされ、心の葛藤状態を経験します。

　B介は、「ぼくのおばけのおうちに、入っちゃだめ」と、相手を強く拒否して自分を守ろうとします。しかし、抗うことで心の安定や「快の感情」が得られることはありません。D貴はあきらめずに箱に侵入しようとするし、頼みの保育者も「お友達もいっしょに入れてあげてよ」と促してくるからです。それでも、この箱は自分だけのものにしたい。

　こうした状況のなかで、B介が経験したのが、「手放す」ことでした。段ボール箱が裂けて、外へ転がり出る、つまり、占有していた場所をD貴に明け渡すという突然のアクシデントで、2人の関係は次の段階へと進んでいきました。

　あれだけ、1人で占有していたかった箱の中が、友達といっしょにいることでもっと楽しいものとなりました。保育者からの称賛やいっしょに楽しめる友達など、「快の感情」をもたらしてくれたのは、固執していた「自分だけのもの」を手放したことと、自分の欲求や行動を抑制したり調整したりした結果であることに、子どもは少しずつ気付いていきます。

　こうして、子どもたちは自己を主張し、思いをかなえようとしながらも、周りの人々の見方や感じ方にも関心が向けられるようになり、自分と他者の両方の視点から自分の行動や自分のいる状況を考えられるようになってくると、次第に人間関係を調整する力も養われてくるのです。

第6章　人間を理解し関係を調整する力

保育者の関わり

一瞬のやりとりのなかに現れる、保育者の思い

この事例からまずわかることは、子どもと保育者が応答的な関係にあることです。保育者は、B介のアクションに応えて驚いたり、D貴の気持ちを代弁してB介に伝えたりなど、子どもが期待しているアクションで応えようとしています。

基本的には、このように子どもが「快の感情」を実感できる応答的関係をつくることが、保育者と子どもとの信頼関係の第一歩となります。保育者に的確に応えてもらえる喜びや安心感は、子どもたちのなかに、保育者の教育的意図に気付こうとする意識を生んでいきます。

ただし、その意図が保育者にとって都合のよい、保育者本意なものになっていないか注意しなくてはなりません。子ども自身が気付き、感じ、考え、行動に移せるようになることで初めて、子どもが主体的に生きていくために役立つものになります。保育者の顔色を見て、適応しようとするだけにとどまっては、子どもにとって意味のある体験にはなりません。常に、このことを厳しく吟味する必要があります。

事例では、2人の子どもが譲らずに押し合っていると、突然、段ボール箱が壊れてB介が外に転がり出てしまいました。このユーモラスなアクシデントを共有したことから、子どもたちの状況は急展開しました。

「いててて。転んじゃった」と笑うB介の態度は、箱を占有して友達の侵入を防ごうとしていた緊張感を解きほぐしています。

一方のD貴も、B介の態度が変化したことを感じとって、このハプニングのおもしろさに共鳴しながら自分自身のやり方も変えようとしました。D貴は、相手と同じように転ぶ行為で、仲間入りの意志を表現したのだと考えられます。

保育者は、このような2人の心情や態度の変容を認め、「それは、何とも素敵な解決じゃないか。いっしょに楽しもうよ」というメッセージを込めて2人といっしょになって笑いました。保育者の「友達といっしょに遊ぶ楽しさを味わってほしい」「いざこざやアクシデントを次の生活に生かしていけるような体験をしてほしい」という指導のねらいは、このような一瞬のやりとりのなかでも具現化していきます。

この後、B介が「おもしろい。もう一回やろう。D貴くん」と誘うと、D貴もうれしそうに箱に入っていました。「先生、箱を直して」と言う2人に応じて、保育者は裂けて倒れたところを立て直しました。これは、小さないざこざを乗り越えて仲良くなっていった子どもたちへの、「よくやったね。そんな君たちのこと私も応援するよ」という保育者の評価でもあります。

5 人間を理解し関係を調整する力の事例と解説

4・5歳児 10月

「おなかがすいてかわいそうよ」

異年齢の子どもとの関わりの場面では、
4歳児、5歳児たちの育ちがより明瞭に捉えられます。こうした育ちを、あらためて、
「幼児期の終わりまでに育ってほしい姿」(「10の姿」)の視点で見直してみましょう。

事例　園外保育で4歳児のY香は、カナヘビを捕まえた。「きれいな色でしょう。うわぁ。かわいい。私、幼稚園に連れて帰りたい」と、芋掘りそっちのけでカナヘビを友達に見せたり手の上をはわせたりしている。

やがて彼女の周りに人だかりができた。バッタをくわえるカナヘビを見て、①「やめろよ。バッタがかわいそうだろ」と5歳児のR太。「この子(カナヘビ)だって、おなかがすいてかわいそうよ」Y香が反論する。②③「このバッタは、もう死んでいるから、いいんじゃないの」5歳児のS子が応援する。傍から別の5歳児が保育者にも投げ掛けるように「でもな。幼稚園に連れて帰って、飼うっていうことは、ずっと虫や動物を餌にすることになるんだぞ」と言う。保育者はうなずきながら議論を聞いている。「カメの餌は?」とS子が提案する。「私、死んだ虫とかカメの餌あげるから…」Y香も言うが、なお5歳児たちは「勝手に連れていくのはいかん。ここで好きにさせておいてやれよ」とたしなめる。「先生…」とY香が保育者に意見を求めてくる。「ぼくはいつも悩むんだ。きょうのお芋も畑から掘って帰るしな。魚釣りするときはエビやゴカイを針にさして餌にするし、釣った魚も食べるし。うーん。悩むよなあ。できるだけ無駄にとったりしないようにはしているし、頂いた命は『いただきます』と大事に食べてるけど、うーん。難しい…」

そうしているうちに、④Y香はカナヘビを草むらに放した。「私がまた、遊びに来てあげるって、お話したの」Y香は手を振っている。5歳児たちもほっとしたような顔で笑っている。「Y香ちゃんは、カナヘビの気持ちもわかるんですか?」と保育者が聞くと、「うん、『連れて行って』って言ってなかったもん。まだ子どもだったのかなあ」と首をかしげて笑っている。④「そら、言えんやろ」とR太はすかさず突っ込みを入れた。

非認知的能力のプチ解説

1 異質なものとの出会い

R太たちには、カナヘビを園に連れて帰ろうとするY香の行為が、Y香にはそのことを批判するR太たちの言動が異質なものとして現れてきています。

2 異質なものへの興味や関心
3 他者との交流

5歳児のS子は、Y香の気持ちに理解を示し、譲歩案を提案しています。また、Y香も先輩の応援を感じながら、S子の姿を参考に、自分なりの考えを表現してR太たちに関わろうとしています。

4 関係性をつくる

カナヘビの生活に自分たち人間を合わせようという行動に転換したY香の姿や、緊張感を解く「ほっと」した安堵感を共有した表情、ユーモアたっぷりの突っ込みで、「正しい・正しくない」の対立構造をリセットしようとしたR太の発言が新しい関係性をつくっています。

関連する「10の姿」
- 言葉による伝え合い
- 自然との関わり・生命尊重
- 思考力の芽生え

第6章　人間を理解し関係を調整する力

事例の読み取り

「10の姿」の視点で、この事例を見直してみよう！

　異年齢の子どもたちが関わり合う場面では、互いによい刺激を受け、さまざまな育ちが見られます。非認知的能力の視点や「10の姿」の視点で見てみましょう。

「言葉による伝え合い」の視点で

　子どもたちは、友達や保育者と心を通わせて豊かな言葉や表現を身につけています。また、考えたことなどを言葉で表現することを通して、言葉による表現を工夫したり楽しんだりするようになっていきます。カナヘビとの出会いから生まれた新たな状況のなかで、生命をめぐる議論は活発になっていきました。盛んに言葉を交わすなかで、子どもたちのもっている言葉が豊かになったり、未知の言葉と出会ったりし、新しい言葉や表現に関心が高まっている様子もうかがえます。

「自然との関わり・生命尊重」、「思考力の芽生え」の視点で

　Y香のカナヘビに感嘆する姿からは、彼女がこれまで、豊富に小さな動物たちと関わってきていることがわかります。カナヘビが捕まえられたという事実も、それを手に載せるという行為も、カナヘビの性質や特徴を知っているからできるのでしょう。その色や姿の美しさや不思議さへの驚嘆も、鋭い観察力があってのことです。

　また、カナヘビなど自然に触れて感動する体験を通して、自然の美しさや変化などを感じ取っていることがわかります。実際に触れて関わることで、身近な生き物や事象への関心は高まります。好奇心や探究心をもって、思いをめぐらせ、言葉などで表しながら、自然への愛情や畏敬の念をもつようになっている様子も推察できます。

　5歳児たちの「幼稚園に連れて帰って、飼うっていうことは、ずっと虫や動物を餌にすることになるんだぞ」などの言葉は生命の営みの不思議さや生命の尊さ、その生命を守るための科学的要因などへの気付きを促す問題提起となっています。

　身近な動植物を生命あるものとして心を動かし、親しみをもって接し、いたわりながら大切にしようとする気持ちも育っています。

保育者の関わり

子どもたちのやりとりを支持して、見守ることも大切

　この事例で保育者は、子どもたちがカナヘビへの関わりや、自分たちの責任などについて議論する姿を大切にし、支持的に見守っています。それぞれの子どもが自分とは異なった見方や感じ方に出会い、自分ならどうするか、どうしたらよいかを迫られて心を揺さぶらせる体験が尊いと思われるからです。

　「ぼくはいつも悩む…」という保育者の言葉は、食物連鎖の問題を植物との関係をも含めた気付きまで広げるという意図があります。加えて、保育者も同じように自分自身の生活の問題として誠実に考えていること、この問題が単純な「善い・悪い」の二元論ではなく、複雑で深遠な人間存在の哲学的テーマを含んでいることなど、生命と生命が関わり合う場に立ち会いながら、人間が生きていくことの意味を伝えようとする願いが込められています。その後、Ｙ香はカナヘビを放しましたが、その行為には生命への敬意や、それがより長くつづくようにとの積極的な関わり方を選択した誇らしさが感じられるものです。

　保育者の「カナヘビの気持ちもわかるんですか？」との言葉は、問いというより、むしろ、そのようなＹ香の気付きや、考え、「私が来てあげる」という、相手に合わせた行動を考え出したことへの感嘆と敬意を込めています。「『連れて行って』って言ってなかったもん。まだ子どもだったのかなあ」と首をかしげる彼女の様子に自尊心が感じられました。

人間を理解し関係を調整する力の事例と解説

5歳児 6月 「どっちがお得でしょうか？」

遊びのなかによく登場する「確率」。確率の計算は、認知的能力ですが、この事例のように、さまざまな駆け引きが展開され、非認知的能力の育ちにつながることも多々あります。

事例

テラスでは咲き終わったあとの花を使った色水作りが盛んに行われていた。紫色のサルビアの花は少なく、それを使用した色水は子どもたちのなかで価値が高い。5歳児たちはミツバチのように頻繁に花壇を訪れては、すでに元気のなくなったものを摘んでいく。すり鉢の底に花を入れると、すりこぎ棒でていねいに潰して色を出す。一度にたくさんの量を作ろうと水を入れ過ぎると薄くなるので、少しずつ花を入れては水を加えていく。女児たちはめいめいが作った貴重な紫色の液体を1本のペットボトルに集めている。

しばらくして、保育者が保育室に行くと、①A香とM美は、U菜に強く抗議されて困ったような顔をしていた。自分たちが作った1本の色水の所有をめぐって、3人の緊張は更に高まっていく。②「なんで私が1番先にくじ引くんよ。じゃんけんで順番決めてよ」とU菜が言う。

③「けど、1番に当たるかもしれないよ。いいよねえ」A香は、M美を促すように言う。「1番最後よりは絶対いいよなあ」とM美は巧みな比較論を示して言う。「まあ、じゃんけんで決めていいけど、勝った順番に好きな引く順をとることにしよう」とA香が言う。A香は2番狙いのようだ。

③「うん、それでもいいよ」と、今度はU菜もうなずいた。「じゃんけんぽん」―勝負がついた。③1番に勝ち抜いたU菜は「私、2番目とった」とうれしそうに声をあげる。あとの2人は「しまった」という様子で一瞬顔を見合わせた。

「さあ、あとは1番か3番です。どっちがお得でしょうか」とU菜は嬉々として言う。くじ引きをした結果、当たりは最初に引いたA香に出た。④しかし、その結果についてはすんなり受け入れた様子で、「よかったねえ」と2人に祝福されていた。

非認知的能力のプチ解説

① 異質なものとの出会い

色水をめぐる対立がこれに当たります。仲良くしていても利害関係などによって、異質な考え方や雰囲気が子どもたちに立ちはだかります。5歳児では特に、単純な「異質な人」ではなく、異質な文化や価値観が、多様性や多面性に気付かせてくれるものなのです。

② 異質なものへの興味や関心

相手の考える戦略に対する推察や心理の理解が読み取れます。

③ 他者との交流

友達にくじ引きを促したり、自分の感情を表現したりしながら、納得のいくルールのなかで自分の立場や役割を主張する姿が見られます。

④ 関係性をつくる

くじ引きの結果を受け入れたり、思い通りになった友達を祝福したりする姿がそうです。

関連する「10の姿」

- 思考力の芽生え ● 協同性
- 言葉による伝え合い
- 自然との関わり・生命尊重
- 道徳性・規範意識の芽生え

事例の読み取り

確率をめぐる、スリリングな攻防

　小さいクラスの時からいっしょに過ごしている子どもたちは、互いの性格をよく知っています。また、その性格ゆえによく陥りがちなトラブルやその結末についても見通しがもてるようになってきています。従って、共同生活のルールとして傍若無人な行いや強引な力業での独占は、親しき仲にも受け入れられない雰囲気が形成されつつあるようです。

　この時期の5歳児たちは自分の立場や主張を相手や周囲に理解してもらおうとするときに論理的に語ろうとする傾向が見られるようになってきていることもわかります。「こうだから、こうなった」と因果律を駆使したり、自分の知る限りの道徳律を出してきたり、数値的なデータを自分なりに扱って客観性を示そうとしたり、他者の同意を得て公共性を表そうとしたりしているところが特徴です。

　また、今回のペットボトルを獲得せんとするU菜たちのように、子どもたちの遊びの駆け引きに確率の計算が関係していることがよく見られます。この事例の場合も、自分が1番確率の高い順番をとるための心理作戦や陽動作戦を駆使してやりとりしていることがわかります。「1番目が3分の1の確率、2番目に引くと、あたりかはずれの2分の1の確率、3番目はまわってこないことが多そう」というのが彼女たちの論理でしょう。また、くじ引きの公平性を、引く順番決めのじゃんけんに置くところもおもしろいですね。彼女たちなりに「公正さ」のための手続きを構造化しているようです。

　さらに、A香は「U菜ちゃんは必ずチョキから出してくるけど、M美ちゃんはわからない」と相手の動作の頻度も計算に入れているようでもあります。本当はどの子のあたる確率も3分の1で同じですが、一度きりの真剣勝負に挑む子どもたちは、「100回も繰り返したら、みんな同じくらいになるよ」の正論をそうやすやすと鵜呑みにしないのがおもしろいところです。この瞬間の最高の幸運を引き寄せようと、自分たちがもちうる限りの論理を展開しようとしていることがわかります。このようなアグレッシブな姿も算数セットでは見ることは困難です。園庭の草花という遊誘財（※）が、子どもたちを色水遊びに誘い、そこで生成された色水をめぐる獲得合戦が、「ルールや手続き」「確率」という知的でスリリングな駆け引きのある遊びを引き寄せているのです。

※子どもたちをひきつけ、豊かな遊びを生み出す場所やものや環境のこと。

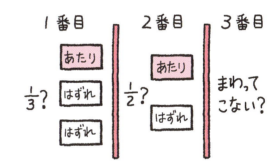

保育者の関わり

期待して見守る

　ペットボトルを巡っての緊張した場面も、保育者は「どんな思いや考えを出し合いながら、個々がどのような役割を果たし、皆でどんな落としどころを見つける（合意を形成する）だろう」という期待を込めて、他のことをしながら見守っています。

第 7 章

非認知的能力を育てる指導計画

子どもたちに何日も継続して楽しまれて、幅広く展開した遊びをご紹介します。このような遊びを記録することも、保育のカリキュラム・マネジメントとして重要です。「非認知的能力」の視点が、指導計画とどう関係してくるか、考えながら事例を読んでみてください。

また、この章では、今まで個別に見てきた非認知的能力の3つの柱をまとめて考えていきます。同時に、特に関連の深い認知的能力もご紹介します。

事例その❶

5歳児 6月24日

「この角度」

昔から遊び継がれた伝承遊びには、非認知的能力を育てる性質があるようです。
それは、人との関わりのルールや、喜怒哀楽といった人情の機微に触れるような要素が
おもしろ味として含まれているからだと思います。

事例　このめんこ遊びは、雨の多い梅雨(つゆ)の間に楽しめる、力を使った爽快感のある遊びとして、保育者の方から紹介した。段ボール片を2、3回折り畳み、粘着テープでぐるぐる巻きにしたものをめんこと称している。相手のめんこにぶつけて、ひっくり返すと「勝ち」になる遊びだ。

　①H太は顔を床にすりつけるようにして、ぐるっとT斗のめんこと床の隙間をチェックした。

　「弱点見つけた」そう言って、②膝をついたH太は自分のめんこを持って、投げるフォームを繰り返す。ときどき、T斗のめんこの少し反った角の部分に自分のめんこを当てて、シミュレーションするかのように繰り返し試している。

　「ふーん。ねらっているんですね」と保育者が傍で話しかけると、「うん、こういくんよ」と投げるめんこの軌跡を示す。「その角度でアタックをかけるんですね」と保育者が言うと、「よしっ。この角度」と言って、ぴょんと立ち上がった。

　「えいっ」ねらいすました、H太のめんこの一撃で、T斗のめんこは尻を上げひっくり返りそうになる。③「あっぶー。ぎりぎりセーフ」審判役のT也が言う。「あっぶー。角度ねらわれた」と、今度はT斗がH太と同じように、相手のめんこの状態をチェックし始めた。H太もT斗と同じように自分のめんこをチェックしている。

ハラハラ

💗 非認知的能力のプチ解説

1 気付く力

相手のめんこの状態を好奇心をもってチェックし、弱点を探究しています。

2 やりぬく力

相手のめんこをひっくり返すという課題に向けて戦略をシミュレーションし、自分の期待感を高めています。

3 人間を理解し関係を調整する力

役割を分担して他者との交流を活発にしたり、「あっぶー(危ない)」のフレーズに共鳴したりして仲間をリスペクトして関係性をつくっています。

関連する認知的能力

●感受性
（ものの性質に気付く・感じる）

強い・弱い、大きい・小さい(エネルギー量と強さ)、めんこのひっくり返る仕組み

●活動性（関わる・行動する）

巻く、畳む・折る、聞く、投げる、ねらう、戦う・挑む、意見や考えを出し合う、命名する、観察する

●思考性
（考える・思う・創造する）

数量(質量)、構成(空間)、関係性(因果関係など)・法則への気付き

事例の読み取り

子どもたちを夢中にさせるシンプルさ

　子どもたちのめんこは、段ボール板に粘着テープを巻いただけの構造です。シンプルな素材をシンプルな構造で製作し、ちょっとした工夫でオリジナリティーが表現できるところに、遊誘財としてみんなに共有されていく秘密があるようです。また、この事例のＨ太のように、相手をひっくり返すための方策や、その法則性（力点・支点・作用点の原理を利用する）について探究できるようなところも、子どもたちを一層没入させることに関係しています。

　自分なりの仮説をもち、それを検証すること、この場合、周りの友達の情報を取り入れたり、それらと照らして自分自身のものを検討したり、整理したり修正したりするなどの知的な試行錯誤のポイントが保育者との応答によって、さらに明瞭になり価値付いている様子もおもしろいですね。

〈手作りめんこの作り方〉

①段ボール板を折り畳む。

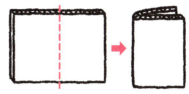

②粘着テープを巻く。

保育者の関わり

着眼点や技を言葉にして伝える

　めんこ遊びの楽しさのポイントについて子どもたちが気付き始めている様子を見守りながら、その楽しさを一層促すために、着眼点や技について言語化（「ねらっている」「その角度でアタックをかける」など）しています。これは、そのスキルを子どもたちが共有できるようにと考えてのことです。

●**この事例に登場する主な援助**

興味や関心や理解を探る援助
・そのものらしい雰囲気づくりをする。
・遊びの仲間となって楽しむ。

提案やヒントを投げかける援助
・わかりやすく説明する。
・興味や関心を焦点化する。
・体験で得たものを共有する。

第7章　非認知的能力を育てる指導計画

指導計画を見てみよう！

このときの指導計画　　5歳児 **月案**（6月）

参考：「役立つ！書ける！5歳児の指導計画」（チャイルド本社）

ねらい	●自分なりの課題をもち、友達と工夫しながら遊ぶ楽しさを味わう。
内容	●ルールを共有して遊びを進める楽しさを味わう。 ・ゲームや店屋ごっこなど、ルールや遊び方、役割などを意識しながら遊ぶ。 ・自分のしていることやしたいことを友達に説明したり、わからないことを聞いたりして友達と相談しながら遊ぶ。 ・言葉のやりとりのなかで相手の思いに気付く。
援助のポイント・環境構成の留意点	●友達と遊び方やルールを共有して遊びを進める楽しさが味わえるよう、環境を工夫する。 ・ゲームやリズム劇などを紹介し一緒に楽しむ。 ・自分の考えや思いのとおりにならず、怒ったりけんかになったりする場面では、それぞれの幼児の主張の仕方や内容に注目しながら、考えや思いが表現し合えるように助け、ルールを守って遊びを進めると、より楽しくなることに気付いていけるようにする。また、言葉のやりとりや態度から、相手の気持ちに気付く体験を大切に認めていく。

指導計画のポイント

個々の育ちを考えて指導計画をつくる

進級して2か月たち、クラスの仲間との関係が形成されてくると、それぞれのもち味や課題が見えてきます。保育者はそのような個々の育ちを見つめながら、園生活や遊びのなかで、その子らしさが発揮できて、個性に応じた役割分担ができ、皆で育ち合っていけるような集団づくりを心がけます。

そこで、「○自分なりの課題をもち、友達と工夫しながら遊ぶ楽しさを味わう」というねらいを設定しました。そして、このねらいは「○ルールを共有して遊びを進める楽しさを味わう」という具体的な体験を積み重ねることで達成できると予測しています。季節は梅雨なので、室内での活動が多くなることを想定して「・ゲームや店屋ごっこなど、ルールや遊び方、役割などを意識しながら遊ぶ」ことや「・自分のしている

ことやしたいことを友達に説明したり、わからないことを聞いたりして友達と相談しながら遊ぶ」といった活動のなかで援助を進めていこうと考えていることがわかります。また、ここで大切な非認知的能力は「・言葉のやりとりのなかで相手の思いに気付く」力であることもおさえています。

さらに、そうした保育を展開するための援助のポイント・環境構成の留意点を設定して、意識しながら保育を進めていきます。

このような指導計画を立てたからこそ、保育者は手作りのめんこ遊びを提案したわけですね。

事例その❷

5歳児 7月1日 ハイパーめんこ

このめんこのように、シンプルにして、いろいろな工夫が生まれる遊具は子どもたちが主体的に遊び、「気付く力」を発揮するのにも効果的です。

事例　流行のカードゲームの要素を取り入れためんこは、装飾が凝ってきている。表面にはカブトムシやクワガタムシを描き、力の強さを数値で表現している。

「おれのはパワー200のギラファオオクワガタだから強い」とH太に挑戦していったK介のめんこは簡単に返された。①②「くそー。それだったら」とK介はA4サイズの巨大めんこを作って挑んでいく。誰のめんこがアタックしても彼の床に張り付くような巨大めんこは返せない。しかし、攻撃となると大きなめんこは、ふわっとしか投げられず、相手のめんこに強烈なアタックをかけられない。

③自分は参加せず、横で戦況を見ていたK太郎がアドバイスした。「防御タイプと攻撃タイプに分けるんだ。攻撃は素早いのがいいぞ」。

するとK介は「おう。今作ろうとしてたんだ。最強のやつを」ともう1つのめんこの製作に向かった。今度は段ボール片を4回折り畳み、粘着テープを固く巻いている。

非認知的能力のプチ解説

1 気付く力
自分のめんこの形状がもつ弱点を見つけています。

2 やりぬく力
負けた悔しさをばねにして、試行錯誤し、巨大なめんこを開発した姿に、「やりぬく力」が表れています。

3 人間を理解し関係を調整する力
友達のやり方を関心をもって観察したり、友達のアドバイスを取り入れて改善を進めたりする姿に表れています。

関連する認知的能力

● **感受性**
（ものの性質に気付く・感じる）
強い・弱い、大きい・小さい（エネルギー量と強さ）、めんこのひっくり返る仕組み

● **活動性（関わる・行動する）**
巻く、畳む・折る、聞く、投げる、ねらう、戦う・挑む、意見や考えを出し合う、命名する、観察する

● **思考性**
（考える・思う・創造する）
数量（質量）、構成（空間）、関係性（因果関係など）への気付き

第7章 非認知的能力を育てる指導計画

97

事例の読み取り

子どもたちの主体性を大切に関わろう

このハイパーめんこは、相手にぶつけてバウンドさせることによってひっくり返すという遊びです。

今年の子どもたちは、4歳児クラスのときにめんこをする5歳児の姿を見ていました。保育者から作り方や遊び方を聞くと、子どもたちからいろいろなアイデアが生まれてきました。昆虫の絵を描くというのも、その1つです。これはアニメ「ムシキング」のカード遊びの要素を取り込んでいます。K介もめんこの強さをキャラクターのパワーの強さとして自認していましたが、相手とのゲームのなかでめんこの構造やアタックの技術が重要なことを知っていきました。

装飾や描画などの「強そうに見せること」による呪術的な戦略が、科学的客観的な戦略に敗北したことを受け入れて、次の試行錯誤に向かっていく姿がほほえましいですね。

K太郎は、この日もダンゴムシやアリを捕まえ、虫かごを作っていたのですが、友達の遊びを傍らでよく観察していることがわかります。友達とつながっていることが本人の言葉にもよく表れてきて、「あいつ○○がうまい」「○○を教えてくれる」というように、友達からの援助も得られるようになってきました。

保育者の関わり

季節に合った遊びを提案しよう

このめんこ遊びは、雨の多い梅雨（つゆ）の室内遊びとして、保育者の方から紹介した遊びでした。今年の子どもたちは、4歳のときにめんこをする5歳児の姿を見ていたそうです。「知っとるよ」と言う子どもたちに作り方や遊び方を実演して見せると、つぎつぎに彼らのアイデアが生まれてきたので、その試行錯誤や友達との関わりの様子を見守っていました。

●**この事例に登場する主な援助**

興味や関心や理解を探る援助
・遊びの仲間となって楽しむ。
・見守る。

提案やヒントを投げかける援助
・遊びに必要な素材を提供する。
・科学や新しい知識にせまる。

指導計画を見てみよう！

このときの指導計画　5歳児 **月案**（7月）

参考：「役立つ！ 書ける！ 5歳児の指導計画」（チャイルド本社）

ねらい	●身近な素材を使い、試したり工夫したりして遊ぶ。 ●自分の意見を言ったり友達の話を聞いたりしてイメージを共有し、表現し合うなかでそれぞれの良さに気付いていく。
内容	●身近な素材を使って、いろいろなものを工夫して作る。 ・紙や木片、空き箱や空き容器などを使い、色や形などを考えて組み合わせて遊ぶ。 ・友達の作り方や遊び方などに関心をもって見たり、尋ねたりしながら、自分でやってみる。
援助のポイント・環境構成の留意点	●試したり工夫したりして遊べるよう、身近な素材を準備する。 ・いろいろな種類の紙やセロファン・針金・布など少し手を加えることで加工でき、色や形などの組み合わせを楽しめるようなものを用意する。

指導計画のポイント

前月の指導計画をベースに、さらに育みたい力を考える

6月は、ねらい「○自分なりの課題をもち、友達と工夫しながら遊ぶ楽しさを味わう」、内容「○ルールを共有して遊びを進める楽しさを味わう」という自分の内面の課題と向き合いながら仲間との関係を育てていく指導計画を設定しました。

これをベースに、より積極的に環境に働きかけ、仲間との遊びや表現を育てていこうというのが7月の指導計画のポイントです。子どもたちの非認知的能力の育ちのうえに、さまざまな素材体験やイマジネーションへの刺激、表現する楽しさや能力を育てることをこの時期のテーマとしています。ですから、ねらいも「○身近な素材を使い、試したり工夫したりして遊ぶ」「○自分の意見を言ったり友達の話を聞いたりしてイ

メージを共有し、表現し合うなかでそれぞれの良さに気付いていく」としています。援助のポイント・環境構成の留意点も「○試したり工夫したりして遊べるよう、身近な素材を準備する」として、「・いろいろな種類の紙やセロファン・針金・布など少し手を加えることで加工でき、色や形などの組み合わせを楽しめるようなものを用意する」ことなど多様な素材体験のできる環境づくりを計画しています。

4月から4か月、つまり、1年の3分の1の地点がこの7月です。子どもの育ちの状況を見直し、保育者の子ども理解や援助、環境構成などを反省的に見直し、改善点やそのための見通しを練り直す大切な節目の時期でもあります。

第**7**章

非認知的能力を育てる指導計画

事例その❸

5歳児 7月14日

めんこなくなる

トラブルは日常生活につきものです。私は、子どもたちに「困らせない生活」をさせることがよい保育者だとは思いません。困ったことや辛いことを乗り越える子どもたちを支え、やりぬいた実感に共感できる保育者でありたいと願います。これは、そんなエピソードです。

事例　翌日の夕べの集いや宿泊保育についての最終ミーティングを始めたが、H太は落ち着かない様子である。表情が暗く、涙ぐんだ形跡も見て取れる。

保育者が「何かあったの？」と尋ねると、H太は「ううん」と首を振る。降園時、廊下で足取りの重いH太に、保育者が「力になるよ、何でも言って」と話しかけたが、彼は「いい」と言って母親の待つ園庭に走っていった。

午後3時頃、H太の母親から電話があった。「4月以降、いつも車中では幼稚園のできごとを楽しそうに話して帰るのに、きょうは何か思い詰めた様子でした。あまりに暗い雰囲気なので、自宅に着いたとき『どうしたの？』と聞いたら、爆発したように泣き始めたんです。少し落ち着いたときに、聞くと、先生からもらった（実際は保育者との勝負で勝ち取った）めんこがなくなってしまったと言うんです。自分が家から作って行ったのも、少なくなったそうなんです。『自分がほったらかしておいたんだから仕方ないでしょ。また、作りなさいよ』と言ったんですが、『先生のめんこは作れない』と、ひどく落ち込んでいるんです」とのこと。

保育者はH太に電話を替わってもらい、話をした。「ぼくのめんこをそんなに大事にしてくれていたのか。うれしいよ。で、どうする？　ぼくもこれから探してみるけど」と聞くと、H太は「あした、もう一度探してみる。もしかしたら月組（年中児）の子が持って行ったかも知れないし」と、少し声に力が入ってきた。「そうか。めんこ仲間にも協力してもらって、一斉捜査かけるか」と言うと、①②H太は「うん。あした、早く行って探す」と言って、母親に電話を替わった。

非認知的能力の プチ解説

1 やりぬく力

悲しみの情動をコントロールし、どうにかなると期待する「やりぬく力」を発揮し始めます。

2 人間を理解し関係を調整する力

H太の姿からは、他者の感情のこもった言葉を聞いたり、保育者を信頼して任せたりする「人間を理解し関係を調整する力」の育ちが見て取れます。

関連する認知的能力

●**感受性**
（ものの性質に気付く・感じる）
強い・弱い、大きい・小さい（エネルギー量と強さ）、めんこのひっくり返る仕組み

●**活動性**（関わる・行動する）
巻く、畳む・折る、聞く、投げる、ねらう、戦う・挑む、意見や考えを出し合う、命名する、観察する

●**思考性**
（考える・思う・創造する）
数量（質量）、構成（空間）、関係性（因果関係など）への気付き

翌日、みんなでＨ太のめんこを探したが、見つからなかった。しかし、Ｈ太の表情はそれほどふさいではいなかった。
　③④「Ｈ太、もう一回、先生と勝負するしかないぞ。これは」とＫ介が言う。「ほんまじゃ、先生、Ｈ太と真剣勝負するしかないぞ。これは」とＳ也が手を打って言う。「先生、いいでしょ。勝負してあげてよ。Ｈ太くんの最後のチャンスなんよ」とＲ子たち女児が祈るように手を合わせて言う。
　「仕方ありませんな。この切り札を出すのは早すぎると思っていたが…」と、保育者は、きのう作っておいたネプチューンオオカブトのめんこを、机の引き出しから恭しく出してきた。「おおっ。③④これは」とＫ介は、自分のロッカーからＡ４版サイズの巨大めんこを取り出してきた。「Ｈ太。これ使って戦え」Ｈ太は「おう」とそれを受け取った。「攻撃タイプは、おれのを使ってくれ」Ｒ斗は自分が持っているなかで一番強いと称するヘラクレスオオカブトのめんこを差し出した。
　勝負は、Ｈ太の一撃で決まった。⑤⑥⑦「先生、ほんまにもらっていいん？ありがとう」と言うＨ太の周りで、子どもたちが踊っている。

非認知的能力のプチ解説

３ 気付く力

　めんこが見つからないという事実（課題）に対して、周りの子どもたちは、Ｈ太の表情や立場から心情について「気付く力」を発揮しています。

４ 人間を理解し関係を調整する力

　Ｋ介は、Ｈ太のプライドを気遣って、「かわいそうだから、先生がくれたのではない、自分で勝ち取った」というシチュエーションをつくろうとしています。
　Ｓ也もＫ介の意図に気付き支持的な態度で励ましています。
　女児たちは、Ｈ太の窮状を救おうという課題を汲んで、男児たちの応援と成功のシナリオに役割を持って参加してきています。

５ 気付く力
６ やりぬく力
７ 人間を理解し関係を調整する力

　仲間たちの善意のシナリオを読み取り、友達や保育者の自分への思いに感謝しながら、自分だけでは乗り越えることのできない課題を、協働して創造的に解決しようとするたくましく生きる力を身につけています。

第７章　非認知的能力を育てる指導計画

保護者からのメール

　宿泊保育、大変お世話になりました。そして、めんこの件もありがとうございました。些細なことで私が電話を入れたために、あれから宿泊保育の準備でお忙しいなか、先生がめんこを作ることになってしまって大変申し訳なく思いました。でも、H太のうれしそうな顔を見ると先生のお心遣いがありがたく、帰りの車の中で涙が出ました。H太も、木曜日に先生と電話で話をしてからは、"先生が探しておいてくれるって言った"と安心した様子で、私といっしょになくなった分のめんこを家で作ったりして落ち着いて過ごしていました。姉の時もそうでしたが、子どもたちの先生へ寄せる信頼ってすごいなと思います。

　これからも何かとご迷惑おかけすることもあるかもしれませんが、どうぞよろしくお願いいたします。ありがとうございました。

H太の母

事例の読み取り

さまざまな非認知的能力が「合わせ技」のように働く

　とっても大切なもの、思い入れの強いものというのは、それに対する精神的な働きも相まって遊誘財として働く様子がわかります。「困ったけれど、先生には言えない」「なくなったということが明白になる前に、何とかしたい」などの複雑でせっぱつまった思いは、H太に重くのしかかっていました。

　しかし、私は、その重苦しさを与えている問題の中身を整理したり、解決の糸口を見出そうとしたり、自分なりに受け入れて納得したりなどする体験は重要だと思います。この日から、H太は私から勝ち取っためんこを園に持って来なくなりました。家のコレクションに大切に飾ってあるとのことです。

　後日、H太は、なくなっためんこについて、「かっこいいんはみんな欲しいんよ。ほなって、ぼくも、先生から取ったでえ」と言っていました（他クラスの子どもも含め、めんこファンが自分のめんこを持ち帰ってしまった可能性とその心情を了解しているのです）。この事件を境に、菓子の空き箱や買い物袋などを改良して、体に装着できるめんこホルダーなるものが使われるようになりました。「必要は発明の母である」とはこのことです。

【追録】
　9年後の10月、中学校の3年生となったH太が「ふれあい体験学習」で幼稚園を訪れました。このとき、彼は「ぼくが幼稚園のときにやってた遊びを教えてあげる」と言って、年長組の子どもたちとめんこ遊びをしました。園では、H太が帰った後も数週間にわたってめんこ遊びが続きました。

保育者の関わり

「幼児期の終わり」の育ちに向かう姿を援助する

　最初に、保育者がH太に話しかけたのは、彼の身に起こったトラブルと、内面でどのような葛藤を体験しているのかを理解したいと考えたからです。「力」という表現を使ったのは「本来、君は問題を解決できる力があると思うけど、今はアクシデントでその力が一時低下しているから…」という意図がありました。

　感情のなかでも、怒りや恐れ、喜びや悲しみのような情動に触れて、その比較的急激で一時的な情動を受け入れたり共感したりすることは、信頼関係ができるチャンスであると考えています。子どもも保護者も同様です。そこで、H太に電話を替わってもらったり、翌日にめんこを探すなど、すぐなにかしらのアクションを起こして応答する姿を示しました。

　「めんこ仲間に協力してもらって、一斉捜査をかける」という表現には、困ったときにこそ孤立しないで、「仲間がいる」という希望や期待がもてるようにとの意図を込めました。実際には、仲間がいることとめんこが見つかることは直接関連性はないかもしれませんが、葛藤状態からポジティブに行動を起こすのには、大切な態度だと思います。

　また、H太を支える周りの子どもたちの願うような結末に向かって保育者自身の役割を果たしたいと考え、ゲームで言う「ラスボス」の登場を演出しました。めんこが見つからないことと、もう一度保育者からめんこを勝ち取るための勝負をすること、さらに「真剣勝負」という見出しをつけること、女児たちが懇願する姿など、H太本人も、これは仲間たちの善意のシナリオであることがわかっています。「先生、ほんまにもらっていいん？ありがとう」という彼の言葉で、仲間たちもそのことを了解し合ったようです。このような経験は、非認知的能力をより磨き、「人は、この世界は、信頼するに値する」ことを知るきっかけとなるでしょう。

●この事例に登場する主な援助

子どもの思いに共感する援助
・受け止める。　　・見守る。

トラブルや葛藤に関わる援助
・支える。　　　　・安心させる。
・提案やヒントを投げかける。
・実際にやってみせる。
・ユーモラスな言動をとる。
・協働する体験を保障する。
・体験で得たものを共有する。

遊びへの思いを保障する援助
・要求に応じる。　・子どもの思いに共感する。

第7章　非認知的能力を育てる指導計画

指導計画を見てみよう！

このときの指導計画　5歳児 月案（7月）

参考：「役立つ！ 書ける！ 5歳児の指導計画」（チャイルド本社）

ねらい	●自分の意見を言ったり友達の話を聞いたりしてイメージを共有し、表現し合うなかでそれぞれの良さに気付いていく。
内容	●友達とイメージを伝え合いながら遊びを進めていく。 ・友達と考えを出し合って遊び方を考えたりきまりをつくったりする。 ・友達の考えや感じ方を関心をもって聞き、自分の考えや感じたことを喜んで話す。
援助のポイント・環境構成の留意点	●友達とイメージを伝え合いながら遊びを進める楽しさが味わえるようにする。 ・それぞれの幼児の感じたことや考えたことを言葉で表現しようとする意欲や聞いてほしいという気持ちを受けとめ、気付いたことや感じたこと考えたことを対話の中で共有していく。

指導計画のポイント

子どもの姿を記録し、指導計画を改善していく

　当園では子どもの遊びの様子や生活でのできごとをエピソード記録として記し、そこで起こっている問題や、子どもたちの非認知的能力・認知的能力の育ちの状況、環境の状況を、客観的に見るよう努めています。

　このめんこの記録は、まさにそのドキュメンテーションです。子どもの側だけではなく、保育者自身の子ども理解や保育に対する考え方や動き、言葉、それらがつくりだしている事実などを知る手がかりとなるものです。

　先に記載した6月指導計画（→p.96）は、さまざまな素材体験やイマジネーションへの刺激、表現する楽しさやスキルを育てることなど、外への働きかけを援助のテーマとしていましたが、ここではまた、幼児の内面の育ちにフォーカスしてねらいや内容を設定しています。子どもたちの活発な環境との関わりの姿から内面の課題がわかってきたからです。

　ねらい「○自分の意見を言ったり友達の話を聞いたりしてイメージを共有し、表現し合うなかでそれぞれの良さに気付いていく」。内容「○友達とイメージを伝え合いながら遊びを進めていく」。援助のポイント・環境構成の留意点「○友達とイメージを伝え合いながら遊びを進める楽しさが味わえるようにする」。そして、このための保育者の態度として、「・それぞれの幼児の感じたことや考えたことを言葉で表現しようとする意欲や聞いてほしいという気持ちを受けとめ、気付いたことや感じたこと考えたことを対話の中で共有していく」ことを重点に置いて心構えをしています。

5歳児 8月2日 ハイパーめんこ2

この日は、夏休み中の登園日。保育者は、7月の子どもたちの姿をベースに、保育の展開を考えていく必要があります。

事例

この1か月の間に、めんこ遊びのルールが増えてきている。防御タイプ同士の対戦では勝敗がつきにくいので、相手の上に乗っかったら負け。公式試合でのアタックは各3回ずつ。決着がつかない場合は、引き分け。ただし、決定戦などの場合は互いのルール確認と合意による。など。

夏休み中の登園日のこの日も、早速、めんこ遊びを始めた子どもたちを見守りながら、保育者は後から登園する子たちを迎えている。

①「K太郎のめんこ、めちゃくちゃ強いぞ」とK介が2人の対戦を見ていた仲間たちに言っている。

②「ふっ。おれのは必殺ムカデカリバー」と、見ようによってはフナムシにも見える絵が描かれた長く薄べったいめんこを胸に当てて、K太郎が皆に見せる。

③「こいつ最強」と言うK介に、説明するように「ムカデは足がいっぱいあって、へばりつくんだ。噛めば、どんな相手も毒でやっつける（動けなくして仕留めるの意味）」というと、パタとめんこを床に投げた。

「さあ、だれでも挑戦するがよい」K太郎が腕組みして言うと、「よしっ」とS也がアタックしていった。「パシッ」彼のメンコは、ムカデに張り付いている。「ふっ。かかったな」不敵に笑いながらK太郎は、自分のめんこに張り付いて敗れためんこをS也に手渡した。

非認知的能力のプチ解説

①気付く力

友達のめんこの強さに気付き、それに驚嘆する姿がうかがえます。

②やりぬく力

誰にもひっくり返せない、究極の防御機能を備えためんこの開発を根気強く探究した自信ある姿が見て取れます。

③人間を理解し関係を調整する力

異質なものへの興味や関心をもって友達やその表現方法に触れたり、子どもなりの論理性をもたせて説明したりする姿がうかがえます。

関連する認知的能力

●**感受性**
（ものの性質に気付く・感じる）
強い・弱い、大きい・小さい（エネルギー量と強さ）、めんこのひっくり返る仕組み

●**活動性（関わる・行動する）**
巻く、畳む・折る、聞く、投げる、ねらう、戦う・挑む、意見や考えを出し合う、命名する、観察する、ルールをつくる

●**思考性**
（考える・思う・創造する）
数量（質量）、構成（空間）、関係性（因果関係など）への気付き

第7章 非認知的能力を育てる指導計画

遊びのなかで友達の強みを発見！

　めんこ遊びは前半、硬さ、重さ、床との隙間のなさ、キャラクターのそのものらしさなど、強いめんこ作りに没頭し、度重なる試行錯誤を生みました。その様子は開発競争にしのぎを削る研究者のようでありました。各自の技術の向上とともに、強いめんこの製造競争がピークになると、勝敗が付きにくいという現象が起こってきました。

　そこで、子どもたちがつくり出したのが、めんこ遊びのルールです。そして、このルールは、K太郎のように「張り付くめんこ」などの新発想を生み出したのです。（ルールが遊誘財となって働いていることも推察できます）

　どちらかというと、これまでは活発に遊ぶK介たちからは評価されていなかったK太郎は、このような発想力をもとに、その実力が認められ、遊びのなかでの存在感が出てきました。相手をひっくり返すという正攻法でなく、ルールのつくり出した掟破りの技を使うところが、彼が選んだ「ムカデ」という生き物のイメージと重なり、ダークで強い雰囲気を醸し出しているところも見逃せません。

　「発見・発想ー命名ー試行錯誤ー新発見・新発想ー命名…」と際限なく繰り返される、このめんこ遊びはもう2か月以上続いています。

保育者の関わり

子どもたちの試行錯誤を見守るのも援助

　子どもたちがつぎつぎに考えるルールや、めんこの形態や構造についてのアイデアが生まれてきたので、その試行錯誤や友達との関わりの様子を見守りました。

●この事例に登場する主な援助
自由で受容的な雰囲気づくりをする援助
・見守る。
遊びの過程で生まれたものを評価する援助
・遊びに必要な素材を提供する。

指導計画を見てみよう！

このときの指導計画　5歳児 **月案** (8月)

参考：「役立つ！ 書ける！ 5歳児の指導計画」(チャイルド本社)

ねらい	●自分の意見を言ったり友達の話を聞いたりしてイメージを共有し、表現し合うなかでそれぞれの良さに気付いていく。
内容	●友達とイメージを伝え合いながら遊びを進めていく。 ・友達と考えを出し合って遊び方を考えたりきまりをつくったりする。 ・友達の考えや感じ方を関心をもって聞き、自分の考えや感じたことを喜んで話す。
援助のポイント・環境構成の留意点	●友達とイメージを伝え合いながら遊びを進める楽しさが味わえるようにする。 ・それぞれの幼児の感じたことや考えたことを言葉で表現しようとする意欲や聞いてほしいという気持ちを受けとめ、気付いたことや感じたこと考えたことを対話のなかで共有していく。

指導計画のポイント

もちうる情報から子どもの生活を予想して計画を立てよう

　当園は、8月に夏休みがあります。そこで、久しぶりに子どもを迎える登園日は、7月の終わりの指導計画をベースに子どもの姿を予想し、ねらいや内容を設定します。したがって、個々に記したねらいや内容、環境の構成は7月末のものと同様です。

　このように、保育者は自分のもちうる情報から子どもの生活を予想します。そして、子どもを迎えた後は、現実の子どもの姿から、援助の方略を立て直したり、環境を再構成したりしながら、対応していきます。この日は、まず事前に設定していたねらいの「○自分の意見を言ったり友達の話を聞いたりしてイメージを共有し、表現し合うなかでそれぞれの良さに気付いていく」のめんこのイメージを焦点化しました。自分

たちのつくった対戦ルールのなかで、最も強い優れた機能を探究することや、めんこの強さをキャラクターで例えるなど、友達との競い合いが物理的なものから、心理的かつ物語的なストーリー性に富んだものになっていることに注目しています。

　そして、内容の「○友達とイメージを伝え合いながら遊びを進めていく」プロセスをていねいに読み取りながら活動を見守ることで、子どもたちに「自分たちの考えている高度な遊びの掟と語りの重厚さをわかってくれている」という安心感をもたせるようにしています。そうすることが、さらに多様で高度な「・友達と考えを出し合って遊び方を考えたりきまりをつくっていく」ことに発展していくと期待しているからです。

第7章　非認知的能力を育てる指導計画

107

Q&A

「何から始めたらいい?」「特別なことをする必要があるの?」
「やる気にあふれているけれど、友達とぶつかりがちな子への対応は?」
だれでも気になる疑問にお答えします。
非認知的能力への理解が深まる、納得のQ&Aです!

Q1 「非認知的能力」について何から取り組んだらよいかわかりません…。

A 安心感は非認知的能力を発揮させるもと。
安心感をもてる保育者の態度や
環境づくりから始めましょう。

子どもが安心感をもてる保育者の態度

- 登園時や降園時の挨拶やコミュニケーションを大切にして、子どもと親しく触れ合う、一対一の対応の機会をもつようにしましょう。握手やハイタッチや、ハグなど、あなたらしい表現方法を見つけてみてください。
- とくに、子どもの困りごとや訴えにはていねいに応答してください。そして、「〜してはだめ」という否定形ではなく、「〜してみようよ」と未来志向の肯定形の表現のアドバイスを心がけましょう。

子どもが安心感をもてる保育室の環境

- 絵本やミーティング、連絡など、クラス全体に向けて表現するときには、必ず一人ひとりの顔を見ながら、アイコンタクトを忘れずに。
- 部屋のレイアウトを考えて、一人ひとりの居場所が確保できて、いろいろな活動が混線しないようにしましょう。例えば、落ち着いて座れる絨毯（じゅうたん）や畳、ソファーのコーナーや、創作意欲の湧く材料や道具・用具のコーナー、友達と動いたり、作ったり、試したりできるオープンスペースなどを用意できるとよいでしょう。
- 1日の生活の流れのなかで、集まる時間や場所などが見通せてわかりやすいよう、場づくりをしたり絵などで表示したりすることもオススメです。

# Q2 何か特別なことが必要ですか?

A 特別なことは必要ありません。
保育者自身が非認知的能力を発揮する姿を
子どもたちに見せていきましょう。

がんばる保育者が最高のモデル

　特別なことをすると言うよりは、むしろ、私たち保育者自身が非認知的能力をしっかりと発揮することがポイントです。例えば、保育者自身が好奇心をもって子どもの遊びや行動、言葉を見つめることで、「私は、先生に関心をもってもらえているんだ」と、子どもの自己肯定感は高まります。

　子どもは、保育者をモデルとして、さまざまな人や環境に好奇心を向けていくでしょう。いろいろなできごとに対して感動する保育者の姿は、子どもたちの心を揺さぶるはずです。探究心をもって取り組む子どもの姿を一番励ますのは、保育者の「この子は何に興味をもって試行錯誤し、何を実現したいのだろう」という一人ひとりの子どもに対する好意的な関心と理解しようとする態度です。つまり、子どものことに「気付く力」を磨くことです。これは、「やりぬく力」や「人間を理解し関係を調整する力」の育成に関しても同じことが言えます。

　保育者自身が保育の課題の達成に向かってやる気を出して根気強くがんばる姿や、向上心をもってポジティブに子どもと向かい合う姿を示すことが、何にもまして、生きた手本となるのです。

真摯な姿を子どもに見せよう

　私たち保育者は、直感的感性の鋭い子どもたちとガチンコの対決をしているわけですから、子どもへの「愛情」や「誠意」、「本気度」にごまかしは効きません。フレッシュな皆さんは、今はできていなくてもいいんです。そうなりたいと目標をもって、努力する真摯な姿を子どもにさらけ出すことが尊いのです。私は20年間、担任をしましたが、保育技術も上達した40代と何もできないけれど、がむしゃらな20代では、後者の方が「先生、同窓会しようよ」率で僅差の勝利です。

第8章 Q&A

Q3 認知的能力も、大切ですよね?

A その通りです！
認知的能力と非認知的能力は両方とも大切です。

表裏一体となって育つことが大切

　さまざまな「学び」の経験が生きて働くためには、認知と非認知の能力が表裏一体となって育っていることが必要になります。例えば、「まる」つまり「円」という形があります。子どもたちは「わー、まん丸だあ。きれい」とか「まん丸お月様みたい」とか、何かものを指して「これも、まる？」なんて、感動したり探求したりします。完全な円形の美しさ（審美性）に感動したり、円形の仲間を探したり、違いに気付いたりしていきます。この非認知的能力は、いわばサイエンスの「科学する心」のもととなる気付きや感性です。

相互に関連させながら「できた！」経験を重ねることが大切

　小学生になると「半径×半径×円周率（3.14）＝円の面積」などと、算数の力、認知的能力を身につけるために学習していきます。この認知的能力は、テクノロジーの「科学する力」と言うことができるでしょう。面積だけではなく体積や容積など、さまざまに発展していきます。このような算数・数学の知識や技術を獲得していたとしても、私たちの周りにある「不思議」や「生活の便利さ」に関心をもって、主体的に探求したり、何かを創造したりする力を発揮できるとは限りません。下手をすると、使わない知識として棚にしまったままになるかもしれません。逆に、興味や関心があっても、知識や技能など課題にアプローチする方法をもたなくては、何も前進しません。やがて、あきらめてしまいます。
　認知的能力と非認知的能力は相互に関連させながら働かせて、「おもしろい」「できた」「わかった」体験を重ねることが大切なのです。

Q4 もめごとの多い4歳児クラスの子どもたち。保育者は何ができますか？

A もめごとは成長の証。
肯定的に捉え、
「異質なものとの出会い」を支えましょう！

第1段階
もめごとも肯定的に捉えましょう！

クラスのもめごとは担任の保育者を悩ませますよね。でも、別の視点で見ると、子どもたちが自己主張できるようになってきたという、うれしい成長の証でもあります。保育者としては、まず、一人ひとりが自己主張ができるように支えて「人間を理解し関係を調整する力」の「異質なものとの出会い」を経験できるようにすることが大切です。ですから、もめごとが生じたことを肯定的に捉えましょう。これで「第1段階、OK」です。

第2段階
「異質なものへの興味や関心」を育む

そして、第2段階が、子どもたちが「異質なものへの興味や関心」をもつように関わることです。保育者自身が、子どもたちのもめごとや行き違いに、「なぜ？ そう言ったの？ そうしたの？ どうしたかったの？」という好意的な関心を向けて、理由を聞いていく態度が必要です。保育の現場にふさわしい表現ではありませんが、もし、被害者や加害者のような関係ができてしまっても、保育者が理由や言い分を聞いてくれると、どちらの子どもも自分の存在を認めてもらっていると感じます。自分の行い（言動）はよ

くなかったが、「先生は自分のことを思ってくれている」ことが伝わることが重要なのです。

第3段階　次の行動を見通す

第2段階で、それぞれの本当の思いと、うまくいかずに起こってしまった結果が整理されるなかで、子どもたちなりに、第3段階の「次はどうしたらよいか？」が見通せるようになってきます。

保育者自身が真剣に対応している姿は、子どもたちにとってはよいモデルにもなります。保育者の思いや行いを手本としながら、子どもたちは、「他者との交流」を進め、「関係性をつくる」レッスンをします。また、子どもたちは保育者から「自分が受け入れられている、好かれている」と感じることで、保育者や友達の言葉や思いを受け入れていきます。まず、自己発揮、そして自己抑制。キーパーソンは保育者です。

Q5 やる気にあふれているものの、友達とぶつかりがちなAくん。「やりぬく力」をおさえた方がよい？

 Aくんをよく観察し、強みを伸ばして、成功体験が得られるよう援助していきましょう。

誰にでも、「強み」と「弱み」がある

子どもに限らず、私たちには「強み」（得意なもの）と「弱み」（苦手なところ）があります。やる気にあふれているという積極性が強みであるなら、友達とよくぶつかるという、「人間を理解し関係を調整する力」が弱みということになります。私の保育の信念は、強みを伸ばすことで、弱みを克服するという考え方です。もちろん、苦手なことを克服するように援助するという考え方もありますが、私自身の性格に合っている前者の方法をとっています。

Aくんの強みを生かし、成功体験が得られるようにする

まず、Aくんの場合、目標への情熱をもってがんばることは得意です。でも、他者を受け入れたり、信頼していっしょにやると、一人でしたときよりずっと結果に期待できるという成功体験が少ないように思われます。さらに、情動をコントロールして友達とやりぬいたときの成功体験やそれで得られる多様な喜びの体験が少ないと推察できます。例えば、「自分なりに納得いくようにできた」だけでなく、「友達や先生から大絶賛された」とか「感謝されて自尊感情がくすぐられた」など、人と関わるからこそ得られる喜びの「快」の体験を重ねると、成功体験が得られた方法が身につき、より人間的に価値のあるものを探求していくと思います。

Aくんの目標がそのようなものになるよう導くとともに、「君は、そんな価値ある成功のためにがんばっているすてきな人だよ」ということを伝えていくと、「異質なものとの出会い」でもカッとならずに、相手への興味や関心が向けられていくことでしょう。ここでも、まずは、Aくんがもっているもの、できていることを認めて、自己肯定感がもてるようにすることから始めます。そして、その次が他者への関心と交流です。ないものを育てることは難しいです。それぞれのもっているものをよく観察して、援助の方策を立てるとよいでしょう。

Q6 初めての人やものが苦手なBちゃんが「異質なものとの出会い」を経験できるようにしたい！

A Bちゃんの弱みは強みでもあります。好意や関心に満たされる状況をつくってあげましょう。

「弱み」は「長所」でもある

　先の質問でも述べたように、私たちは強みと弱みをもっています。でも、さらに申せば、弱みも、別の視点から見ると強みにもなり得るものです。つまり、人のもつ特徴は、強みにも弱みにもなると言うことです。

　Bちゃんの場合、初めての人やものが苦手ということは、逆に、初めてのことに違和感や警戒心がもてる「気付く力」の強い子ども、デリカシーのある子という側面をもっています。また、「見知らぬものに自分をさらすのは嫌」という自尊感情をもっていることも感じられます。そうやって、自分を傷つけるリスクを避ける体験をしてきて、自分なりの小さな成功を得てきたのでしょう。その成功とは安心感や安定感とも言えると思います。

好意や関心に満たされる経験を

　だったら、新しい何かに挑戦しなくても、安心感や安定感が得られるような好意や自分への関心に満たされる状況をつくってあげるとよいと思いませんか？赤ちゃんが母親に抱かれ、物に手を伸ばし、吸い付くイメージです。

　急いで、苦手なことにチャレンジさせると失敗して、ダメージが大きくなるので、余計に動き出しにくくなります。もちろんBちゃんは、赤ちゃんではありませんから、だっこするのではなく、その表情や言葉、立ち振る舞いに関心を寄せ、「Bちゃんの、その笑顔いいね」とか「優しい言葉だね。私、元気出た」など、動き出せるエネルギーを蓄積していくとよいでしょう。そして、自ら働きかけたとき、その意味や価値を讃え、そうすることのできるあなたが好き、そんなあなたが誇らしいことを伝え、成功感をもてるようにしましょう。具体的な人やものとの関わりはここから広がり、関係性をつくるスキルも鍛えられていくことでしょう。私は、何かに躊躇する子どもを見ると、心のコップに好意と関心を力一杯注ぎます。やがてそれがあふれて他者への関心がもてるようになるからです。

Q7 保育者自身にとって、特に必要な非認知的能力は何ですか？

A どれも必要ですが、さらに、それらをバランスよく発揮する「コーディネートする力」も重要です。

3つの力を状況に合わせて発揮する「コーディネートする力」

子どもに育てたい非認知的能力の3つの柱、「気付く力」、「やりぬく力」、「人間を理解し関係を調整する力」は、私たち保育者にも必要な力です。

まず、子どもたちと出会った保育の初めの時期に最も必要な力は、一人ひとりの子どもの求めや個性（よさや課題）に「気付く力」や「子どもや保護者を理解し関係を調整する力」です。さまざまなできごとに向き合いながら、クラス運営を進めていく過程では、「人間を理解し関係を調整する力」を発揮しながら、根気強く「やりぬくタフな力」が必要になります。つまり、3つの力はいつも必要なのですが、保育の過程や状況に合わせて、バランスよく発揮していく「コーディネートする力」が常に必要だということです。

ノートに記録して整理しよう

私は困ったことや悩ましい保育の問題を抱えたとき、よく保育の記録をノートに書き出して、「見える化」していました。心のなかのもやもやが吐露されて、目の前で整理できていくので、土曜日には儀式のようにやっていましたよ。

例えばこんなことです。

「今、どんな問題が起こっているか？」「それに、どんな子どもや保護者たちが関わっているのか？」「それぞれ、本当は幸福になるために何を求めているのか？でも、現実はどうなってしまっているのか？」「保育者は、その人たちにどうなってほしいと願っていて、今、自分にできることは何か？ どう、発展していってほしいのか？（援助の見通し）」など。

このように書き出したものに、「気付く力」、「やりぬく力」、「人間を理解し関係を調整する力」をどのタイミングで、どのように出していくのかを書き入れて、自分自身で保育のカウンセリングをしていました。今もやっています。ビジネス書などを見ると、やり手ビジネスマンも実践しているようです。ぜひ、やってみてください。

Q8 特別な支援が必要な子の非認知的能力を考えるときの注意点は？

A よく観察して、一人ひとりに合わせた柔軟な対応をすることが大切です。

個々に合わせた対応を

乳幼児教育の方法は、一人ひとりの個性に合わせて行うことが原則なので、特別な支援が必要な子への関わりと共通することが多いのが特徴です。一人ひとりのもっている「困り感」、つまり、特別な支援の必要なところは違っているので、よく観察して、その子に合わせた対応をすることが大切です。

例えば、保育者の言うことを全然聞いてくれない子どもがいるとしましょう。「もー。何度言ったらわかるのおー」と怒る前に、問題はどこにあるか観察してみましょう。「私の声が聞こえているのか？」という聴覚の機能の問題はどうか。あるいは、音は聞こえているけれど、言われていることが理解できないという言葉の理解の問題はどうか。さらに、聞こえているし理解もしているけれども、そうすることが嫌という行動や適応の問題はどうか。などです。

このように個々に応じた柔軟な対応が求められるわけですが、知っておいていただくとよい共通のポイントをご紹介しますね。

共通のポイント

①単刀直入に伝えるようにすることが大切。冗談や比喩、皮肉などは子どもの理解を混乱させます。
②肯定的な表現を心がけましょう。「○○はだめ」というより「○○しようよ」という感じです。
③その子の長所・強みを見つけ出しましょう。必ず見つかるはずです。ちなみに私のダメダメ幼児期の長所は、お弁当を食べるのが早いことだけでしたが、お昼だけヒーローになれるので待ち遠しかったです。
④集団で遊んだり活動したりする場合、「今、何をしているのか」が、見てわかるようにすると安心します。
⑤その子が集中して（落ち着いて）できる時間を知り、その時間内での活動の内容を提案するようにしましょう。
⑥わからないことは無理にさせない。少しずつわかって、「できる」ということを増やしていきましょう。
⑦いっしょに遊びながら、よく観察して、その子が少しでも安定できる興味のある遊びや好きなものを把握していきましょう。

おわりに
保育に携わる皆さんへのエール

保育は生身の人間同士が触れ合うことで、幼い子どもたちが人間的な意味の世界をひもといていくために重要な教育活動です。私たち保育者は、自らの姿勢や立ち振る舞い・動き・表情や言葉など、さまざまな表現を意識し、そのために必要な感性を磨いて、子どもたちとの生活に向かいます。子どもとの一瞬一瞬の応答に知性や感性を凝縮させてベスト・パフォーマンスを発揮するのが保育の専門家としての技術と言えるでしょう。

また、保育において、子どもの自発活動としての遊びは、重要な学習として位置づけられています。それは、遊びが心身の調和のとれた発達の基礎を養うために大切なものだからです。保育者は、その遊びをいかに守り、豊かな体験を支えていくかに全身全霊を傾けます。

しかし、保育現場はライブですから、自分の経験値を超える状況に遭遇することも多々あります。それが保育の難しさであり、おもしろさでもあるのですが、保育者は研修し、さまざまな情報を求めて知性を鍛えていく必要があるわけです。この本を手にされた先生は、まさにその実践者です。「子どもたちのためにより豊かな保育者になろう」、「成長しよう」と日々努力し、研修する過程で自分を高めようとしておられるのです。

本書の最大のテーマである「非認知的能力」は、現在の世界の教育や保育に関わる最先端課題の1つです。この非認知的能力の視点から自らの保育を見つめ直すことで、新しい保育の可能性や実践のアイデアがわき上がってくるのではないでしょうか。

さあ、きょうも子どもたちとの新しい一日が始まります。いっしょにがんばりましょう。保育は、子どもを通じて未来を創造することに参加できる、価値ある仕事なのですから。

引用・参考文献

p10 ＊1、p30 ＊：OECD 2015「OECD Skills Studies Skills for Social Progress THE POWER OF SOCIAL AND EMOTIONAL SKILLS」

　　＊2：文部科学省 2015「平成26年度『教育改革の総合的推進に関する調査研究～ 教育の総合的効果に関する定量的分析～ 』」

p11、12　＊：ジェームズ・J・ヘックマン 著／大竹文雄 解説／古草秀子 訳「幼児教育の経済学」東洋経済新報社2015

p23　＊：広辞苑第七版 p1448　岩波書店

p24　＊：広辞苑第七版 p714　岩波書店

p25　＊：広辞苑第七版 p3057　岩波書店

p26　＊：文部科学省研究開発実施報告書鳴門教育大学附属幼稚園　2003

p31　＊1：Goldberg, L.（1990). An alternative "Description of Personality"：The big-five factor structure. Journal of Personality and Social Psychology, 59, 1216-1229.

　　＊2：Goldberg, L. (1992). The development of markers for the big-five factor structure. Psychological Assessment, 4, 26-42.

p35　＊1：中央大学文学部教授　山口真美研究室(http://c-faculty.chuo-u.ac.jp/～ymasa/babytheater/index.html)

　　＊2：呉東進 著「赤ちゃんは何を聞いているの？　音楽と聴覚からみた乳幼児の発達」北大路書房2009

　　＊3：Meltzoff, A. N. & Borton, R. W.（1979）Intermodal matching by human neonates. Nature, 282, 403-404.

p37　＊遠藤利彦 著「赤ちゃんの発達とアタッチメント～乳児保育で大切にしたいこと～」ひとなる書房2017

著者 佐々木 晃
（ささき あきら）

鳴門教育大学附属幼稚園園長、
鳴門教育大学大学院教育実践教授

昭和62年3月徳島大学教育学部卒業。平成元年3月鳴門教育大学大学院修士課程修了、4月より鳴門教育大学附属幼稚園に勤務。平成21年4月より徳島県立総合教育センター学校教育支援課指導主事。2年後に、鳴門教育大学附属幼稚園に教頭として復帰、平成26年より園長、現在に至る。日本保育学会評議員・理事、文部科学省「幼児教育の実践の質向上に関する検討会」委員。

高校球児で白球を追い、「甲子園」を目指すが、いつの間にか「幼稚園」に勤務。幼児教育に関するさまざまな論文を発表し、全国の研修会等で、講演を数多く行う。理論に裏打ちされた、わかりやすくおもしろい講演は、幅広い支持を得ている。

主な著書に、『幼稚園教育指導資料第5集「指導と評価に生かす記録」』(作成協力者)『幼児理解に基づいた評価 平成31年3月』(作成協力者)『役立つ！書ける！5歳児の指導計画』(以上共著、チャイルド本社)、『保育学講座5　保育を支えるネットワーク　支援と連携』(共著、東京大学出版会)、『保育内容 環境』(共著、光生館)などがある。

表紙カバーイラスト	さくま育
本文イラスト	おおたきょうこ、とみたみはる、みやれいこ、ヤマハチ
表紙・本文デザイン	西藤久美子
DTP・図版作成	株式会社明昌堂
本文校正	有限会社くすのき舎
編集	田島美穂

0～5歳児の非認知的能力
事例でわかる！ 社会情動的スキルを育む保育

2018年11月　初版第1刷発行
2021年1月　　第5刷発行

著者	佐々木 晃
発行人	大橋 潤
編集人	西岡育子
発行所	株式会社チャイルド本社
	〒112-8512　東京都文京区小石川5-24-21
電話	03-3813-2141（営業）　03-3813-9445（編集）
振替	00100-4-38410
印刷・製本	図書印刷株式会社

©Akira Sasaki 2018 Printed in Japan
ISBN978-4-8054-0276-4
NDC376　26×21cm　120P

チャイルド本社　ホームページアドレス
https://www.childbook.co.jp/
チャイルドブックや保育図書の情報が盛りだくさん。
どうぞご利用ください。

本書の内容の一部あるいは全部を無断で複写複製することは、法律で認められた場合を除き、著作権者及び出版社の権利の侵害となりますので、その場合は予め小社あて許諾を求めてください。乱丁・落丁本はお取り替えいたします。